超図解
話すための
英文の作り方 100

佐藤誠司

はじめに

あなたは、次の外国語の文を見て、どんな感じを受けますか。

可以拍照吗？

これは中国語ですが、何という意味か、わからない方が多いと思います。正解は「ここで写真を撮ってもいいですか」という意味だそうです。

これはどうですか？

May I take a picture here?

英語でしたら、大部分の方には、何となくわかると思います。英語だとわかるような気がするのに、知らない外国語だと、どこから手をつければいいかとまどってしまうのは、なぜでしょうか。

それは、日本人は普段から英語に接していて、英語との距離が身近だということだと思います。では、身近とは何なんでしょうか。それは、何年間か英語とつきあってきて（一度は学校で英語の勉強をしてきて）、自然に英語の仕組みというか、いわゆる文法といった「ことばの法則」みたいなものが、多少なりとも脳に刻み込まれているからではないでしょうか。とすると、逆に**英語の仕組みを踏まえた上で、**

英語の発想で日本語を作る仕組みがあれば、**効率よく英語の学習ができる**はずです。

　その仕組みというのが、本書が着目した**樹のチャート**です。このチャートの特徴は、英文を**根**（基礎部分）**→幹**（基幹部分）**→葉**（修飾部分）と大樹に見立ててチャート化し、**図解で文の仕組みをわかるようにしたもの**です（これについては、10ページから詳しく説明します）。

　本書では、**難しい文法は使いません。**みなさんが何となく知っている英語と日本語の法則を**易しく図解した樹のチャートを使って、英文を作るコツを掴みます。**そして、自分の言いたいことを相手に伝えられるようにする、そんな英語を身につけることを目指します。

英語と日本語　語順が違う

I'm a girl in a red shirt.
私は赤いシャツを着た女の子です。

　この文章を英語と日本語の文で比較してみると、次のことがわかります。
　英語では、まず「大事なこと(結論)」を先に言って、その後に「詳しいこと（補足）」について、後から付け加えていきます。

大事なこと（結論）
　　→ **I'm a girl**
　（①私は　②女の子です）

詳しいこと（補足）
　　→ **in a red shirt**
　（③赤いシャツを着た）

と、着ている服装について言及しています。

　これが日本語の場合、

「①私は　③赤いシャツを着た　②女の子です。」

という順番となり、「私が女の子です」という肝心なことは、後の方にならないとわかりません。

「**大事なこと（結論）を先に示す**」
　これは**英文の大きな特徴**のひとつで、「**詳しいこと（補足）は後まわし**」にして結論を先に示すのです。
　同様に

I'm a student of this school.
私はこの学校の生徒です。

大事なこと（結論）
　　　→ **I'm a student**
　　（①私は　②生徒です）

詳しいこと（補足）
　　　→ **of this school**
　　（③この学校の）

①私は　③この学校の　②生徒です。

どうでしょう？　だんだんコツが掴めてきたでしょうか？
　次の文も同様にやってみましょう。

I study English at the library.
私は図書館で英語を勉強します。

大事なこと（結論）
　　→ **I study English**
　（①私は　②英語を勉強します）

詳しいこと（補足）
　　→ **at the library**
　（③図書館で）

①私は　③図書館で　②英語を勉強します。

　英文を作る場合は、このように日本語の語順でなく英語の語順で文を作る必要があります。ということは、英語の仕組みを意識しながら日本語を作れれば、英文は簡単に作れるということになります。そして、ちょっとした**コツを掴めば英語が簡単に口をついて出てくる**ようになるのです。

英語が苦手な方でも、日本人なら一度は英語の勉強をした経験があるはずです。「**This is a picture.**」などは英文を見ても聞いても、ほとんどの方は、わかるのではないでしょうか。「**これは写真です。**」という意味ですね。この英文がわかるということは、自然に英語の仕組みというか、いわゆる文法といった「ことばの法則」みたいなものを知っていて、**すでに英語を話す下地ができている**ということなのです。

　それでは、ちょっと練習してみましょう。次の日本語を英文を意識して考えてみてください。

これは私の家族の写真です。

大事なこと（結論）：これは写真です。
　　→ **This is a picture**

詳しいこと（補足）：**私の家族の**
　　→ **of my family.**

This is a picture + **of my family.**

7

となります。簡単でしょう？
　「大事なこと（結論）を先に示し、詳しいこと（補足）は後まわし」ですね。上記のことを、10ページから「樹のチャート」を用いて図解するので、さらに簡単に視覚的に理解できると思います。

これは 大阪の 私の家族の 写真です。
も同じことですね。

This is a picture + **of my family** + **in Osaka.**

　最初の文に「大阪の (in Osaka)」が追加されただけです。
　同様に

これは私たちの旅行の写真です。
This is a photo + **of our trip.**

　これに京都を付け加えます。

これは 私たちの京都旅行の 写真です。
This is a photo + **of our trip** + **to Kyoto.**

このように、**大事なこと（結論）に詳しいこと（補足）を追加してやれば、細かい文法的なことはよくわからなくても、より多くのことが話せるようになってくる**のです。この本を使い繰り返し練習することによって、**何となく英文を作るコツを掴むことができるようになります**（少しくらい文法が間違っていてもかまいません）。

　そうなればしめたもので、少しずつ英語が話せるようになってくるはずです。あとは単語や語彙を増やし表現力を豊かにしていけばいいのです。このように考えれば、日本人にとって英語学習は、かなり楽になるのではないでしょうか。

英文は3つの部分に分けられる

3ページで軽く触れたように、英語の語順の仕組みは**基礎部分、基幹部分、修飾部分**と3つに分けて考えられます。基礎部分、基幹部分、修飾部分ではちょっと難しそうですよね？ そこで本書ではそれを大きな樹に例えて、基礎部分を**根**、基幹部分を**幹**、修飾部分を**葉**と呼びます。

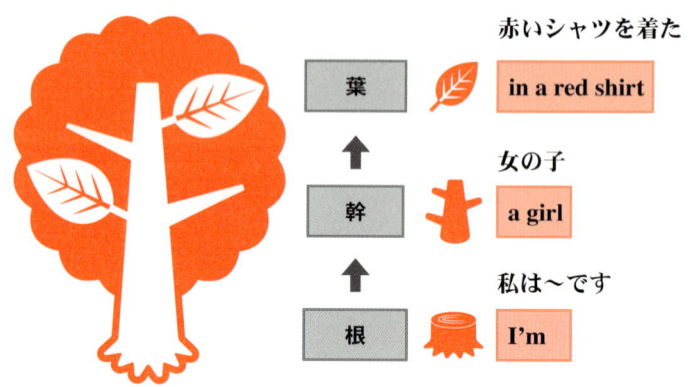

 根（基礎部分）

樹木でいえば、地面にがっちり根を張って地上の

部分を支える最も重要な部分です。英文でいえば、最も基本となる情報です。本書では細かい英文法には触れませんが、**ひとつだけ重要なルール**を頭にいれておいてください。

それは、**英文は主語＋動詞**で成り立っているということです。**主語**というのは**その文の主人公で人や物を表す言葉**、**動詞**というのは**人や物の動きや状態を表す言葉**です。

ここでは、

I'm ～ .

「私についてこれから語りますよ」という基本部分です。

 幹（基幹部分）

根（基礎）の上には幹（基幹）があります。ここでは、「その私というのは、**a girl**（女の子）なのよ」と付加することによって、「私」のことがよりハッキリしてきます。「私は男じゃなくて、女性で年齢も若いの」と、言っているのです。この部分も一部の例外を除いて**なくてはならない部分**です（一部の例外とは go、walk、swim、run、stand など、根（基

礎）の部分だけでできる動作で完了する動詞の場合です。細かいことはあまり気にしないでください）。

 葉（修飾部分）

　根（基礎）や幹（基幹）だけでは、樹木も不十分です。そこから枝が広がり葉をつけ、立派な大樹になるのです。そこで根（基礎）・幹（基幹）に、足りない枝葉をつけてやります。ここでは「そして、**in a red shirt**（赤いシャツを着ている）なの」と付け加えることで、「私」に関する描写を豊かなものにしていきます。

超図解！ 樹をイメージした英文作り

　こうした考え方に基づいて、図解しているのが、**樹のチャート（構文チャート）**です。　　根（基礎部分）＋　　幹（基幹部分）に　　葉（修飾部分）を追加していくイメージなので「樹のチャート」と名づけました。

わかりやすくするために、シンプルな**樹のチャート**で図解します。

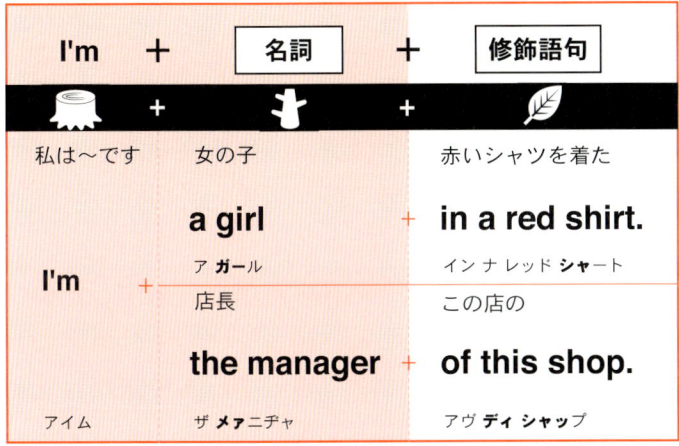

薄く色を引いてある部分は「根＋幹」です。この**構文の基本を成すもので、最も大切な型**です（これができれば、なんとか英文を作れたと言えます）。

そしてその後に＋ 葉といった順序で、いろいろな語句が追加されていくことによって、文が完成されていきます。最初は抽象的だったものが、**樹のチャート**をイメージすることによって、その文のイメージも具体的かつ明瞭になってくるのです。上の例では葉の部分はひとつですが、言いたいことが増えれば葉が追加され、シンプルな表現から、より

複雑な表現ができるようになります。

　この**樹のチャートによって、英文の仕組みが、イメージとして理解できます**。したがって、英語を話したり聞いたりする場合に、文のイメージ化によって、文の構築ができるようになります（文法の得意な方は、名詞、動詞、前置詞、修飾語句などと書かれた構文チャートも参考にしてください）。

　このように**樹のチャート**を意識して**表現したいフレーズを追加**、または**入れ替え**ていくと、難しい文法などを勉強しなくても、**知っている単語だけを組み合わせて、文章が出来上がる**ということです。

文構築ドリルでイメージ力 UP

　それでは実際に英文を作っていきます。

　文構築ドリルの日本語訳は自然な日本語を使用しているので、大事なことが省略されていたり、語順が入れ替わったりすることがあります（日本語はしばしば主語が省略されたり、語順についても寛容な

言葉だからです)。そこで、まず大事なこと(根・幹)は何かを考えます。それから詳しいこと(葉)をプラスして順々に組み立てていきます。

 **文構築ドリル** LISTENING & SPEAKING

私は赤いシャツを着た女の子です。	I'm a girl in a red shirt.
私は女の子です ＋　赤いシャツを着た	I'm a girl ＋　in a red shirt.

私はこの店の店長です。	I'm the manager of this shop.
私は店長です ＋　この店の	I'm the manager ＋　of this shop.

①日本語「私は赤いシャツを着た女の子です。」を見る。
②樹のチャートのイメージで日本語を作る。
　🟤＋🟧　私は女の子です
　🍃　　　赤いシャツを着た
③英訳する。
　🟤＋🟧　私は女の子です→ **I'm a girl**
　🍃　　　赤いシャツを着た → **in a red shirt**
④英語　**I'm a girl in a red shirt.**　の完成。

①日本語「**私はこの店の店長です。**」を見る。
②樹のチャートのイメージで日本語を作る。
🪵+🌱　私は店長です
🍃　　　この店の
③英訳する。
🪵+🌱　私は店長です→ **I'm the manager**
🍃　　　この店の → **of this shop.**
④英語　**I'm the manager of this shop.**　の完成。

　こうして樹のチャートのイメージで日本語を作り、英語に差し替えていけば、英文が出来上がります。最初は難しいかもしれませんが、繰り返し練習することにより、日本語を見ただけで口から英文が出てくるようになってきます。

　私たちが英語を話そうとする時、どう言ったらいいのかわからない、英語が出てこない、なんてことはよくあることです。でもそんな時、慌てずに勉強したチャートをイメージして考えてみてください。まずは「根+幹」を考え、それに「葉」をプラス（+）してやればいいのです。そして「**大事なこと（結論）を先に言う、詳しいこと（補足）は後まわし**」「**英文は主語+動詞で出来ている**」と思い出してくださ

い。難しい文法や単語なんか使わなくても、シンプルに英文を組み立てていけば、自分の言いたいことが相手に伝わるはずです。

会話で決める！　ミニ会話 & CD

　ミニ会話は、各ユニットで学習した英文が実際の会話の中でどのように使われるかを体験します。
　簡単な受け答えができるようになっているので、繰り返し練習して、覚えてしまうと会話の幅が広がります。

　ＣＤには 1 〜 100 ユニットの英文（文構築ドリルの英文・ミニ会話の英文）が収録されています。付属のＣＤを使ったリスニングにも樹のチャートの考え方はピッタリです。**英文を聞きながら頭の中で樹のチャートをイメージしてください**。日本語に翻訳する必要はありません。樹のチャートをイメージして聞くことで、英語の語順に慣れ、英語の語順を理解できるようになります。英文を聞く時も忘れないでください。「大事なこと（結論）を先に言う、詳しいこと（補足）は後まわし」すると、リスニン

グ力もアップします。ＣＤを聞き流しているだけでは、いつまでたっても英語は身につきません。

　ナチュラルスピードでの自然な英語を何回も繰り返し聞くことによって、リスニングやリピーティング（英語を聞いてから、同じ内容を口に出して繰り返す練習方法）、シャドーイング（英単語を１、２語ほど聞いてすぐに、影（shadow）のように後から追いかけて同じ内容を口に出す練習方法）の学習にお役立てください。

ＣＤ録音時間：46 分 55 秒

目　次

CONTENTS

はじめに 2
英語と日本語　語順が違う 4
英文は3つの部分に分けられる 10
　根（基礎部分） 10
　幹（基幹部分） 11
　葉（修飾部分） 12
超図解！　樹をイメージした英文作り 12
文構築ドリルでイメージ力UP 14
会話で決める！　ミニ会話 & CD 17

Unit　1　I'm 〜（私はこの学校の生徒です） 24
　　　2　We're 〜（私たちは今月は忙しいです） 26
　　　3　Are you 〜?（あなたはその会社の社員ですか？） 28
　　　4　He/She isn't 〜（彼は英語の先生ではない） 30
　　　5　This/That is 〜（これは私の家族の写真です） 32
　　　6　This/That 名詞〜（この映画は退屈だ） 34
　　　7　Is this/that 〜?（これが君の捜しているカギかい？） 36
　　　8　I was 〜（私は当時高校生でした） 38
　　　9　There is/are 〜（丘の上にホテルがあります） 40
　　　10　Is/Are there 〜?（このあたりにコンビニがありますか？） ... 42
　　　11　I have 〜（その映画のDVDを持っています） 44
　　　12　He/She has 〜(彼女は手に切符を持っている) 46
　　　13　He/She 動詞 [-s] 〜（彼女は海外旅行が大好きだ） 48
　　　14　I 動詞 [過去形] 〜（新しいパソコンを買ったんだ） 50
　　　15　I don't 〜（お酒は飲まないんです） 52
　　　16　I didn't 〜（昼食を取らなかった） 54
　　　17　He/She doesn't 〜（彼は旅行があまり好きではない） ... 56
　　　18　Do you have 〜?（小銭を持っていますか？） 58
　　　19　Do you 〜?（何かスポーツをしていますか？） 60

19

目　次

20	Does he/she ～？（彼は英語を上手に話しますか？）	62
21	Did you ～？（終電に間に合ったの？）	64
22	I 動詞～（私は横浜に住んでいます）	66
23	He/She 動詞～（彼女はプロのように歌う）	68
24	He/She is/was ～（彼は会議室にいます）	70
25	You look ～（今日は顔色が悪いようだよ）	72
26	I got ～（バスの中で気分が悪くなった）	74
27	Aren't you ～？（まだ終わらないの？）	76
28	I'm 動詞 [ing] ～（地下鉄の駅を探しています）	78
29	Are you 動詞 [ing] ～？（このパソコンを使ってるの？）	80
30	Who ～？（だれが最後に退社したの？）	82
31	Whose ～？（だれの小説がお薦め？）	84
32	What ～？（ご両親に何を送ったの？）	86
33	What 名詞～？（ふだんは何時に起きるの？）	88
34	What kind of ～？（どんなメニューを考えていますか？）	90
35	Which ～？（どの会社の面接試験に行くの？）	92
36	When ～？（いつこの町へ引っ越してきたの？）	94
37	Where ～？（どこでチャリティーコンサートを催しますか？）	96
38	How ～？（博物館へはどうすれば行けますか？）	98
39	How is/was ～？（旅行はどうだった？）	100
40	How 形容詞～？（お兄さんの身長はどのくらいですか？）	102
41	How much ～？（このデジカメはいくらですか？）	104
42	How many/much ～？（DVD を何枚借りたの？）	106
43	How about ～？（お茶をもう一杯いかがですか？）	108
44	Why ～？（なぜそんなに熱心に働くの？）	110
45	Why don't ～？（ご一緒しませんか？）	112
46	動詞 [原形] ～（あの角を右へ曲がってください）	114
47	Help me/us ～（床を拭くのを手伝って）	116
48	Please ～（シートベルトをお締めください）	118

#		
49	～, please.（お勘定をお願いします）	120
50	Don't ～（パスワードを忘れないでね）	122
51	I'll ～（6時に車で迎えに行くつもりだよ）	124
52	I'm going to ～（イタリアへ旅行する予定です）	126
53	I can ～（私は魚をおろせます）	128
54	Can you ～?（このソフトを使える?）	130
55	I can't ～（トイレの水が流れません）	132
56	I couldn't ～（そのトイレは使えなかった）	134
57	May/Can I ～?（クレジットカードでもいいですか?）	136
58	You can't ～（公共の場所でたばこを吸ってはいけません）	138
59	Would/Will you ～?（円をドルに両替してくれませんか?）	140
60	Could you ～?（席を詰めていただけませんか?）	142
61	I have to/I've got to ～（もう行かなくちゃ）	144
62	Do I have to ～?（今日残業しなければなりませんか?）	146
63	You don't have to ～（靴を脱ぐ必要はありません）	148
64	I had to ～（1時間待たされた）	150
65	You should ～（なるべく早く医者にみてもらった方がいいよ）	152
66	Shall I ～?（コーヒーを入れましょうか?）	154
67	Shall we ～?（一緒に昼食を取りましょうか?）	156
68	Let's ～（ホテルに戻りましょう）	158
69	Let me ～（自己紹介させてください）	160
70	Do you mind if I ～?（エアコンをつけてもかまいませんか?）	162
71	I'd like ～（冷たい水が1杯欲しい）	164
72	I'd like to ～（彼に連絡をとりたい）	166
73	Would you like ～?（お茶をもう少しいかがですか?）	168
74	What would you like ～?（デザートには何を召しあがりますか?）	170
75	I want to ～（船旅がしたいな）	172
76	I want 人～（彼に手伝ってほしい）	174
77	I'll 動詞[原形]人～（宴会に正装するよう彼女に頼んでみるよ）	176

目 次

78　I used to ～（以前はヘビースモーカーでした）　178
79　I've ～（たった今昼食を食べました）　180
80　I've ～（私は10年間2つのコンビニを経営してきた）　182
81　I've been ～（1時間彼を待っているところです）　184
82　I haven't ～（まだホテルにチェックインしていません）　186
83　Have you (ever) ～？（京都を訪れたことがありますか？）　188
84　I've never ～（韓国へは行ったことがありません）　190
85　He/She is 形容詞～（彼女は折り紙が上手だ）　192
86　I'm 分詞形容詞～（私はアメリカの歴史に興味があります）　194
87　He'll/She'll be ～（彼女は部長代理に昇進だろう）　196
88　I had ～（駐輪場で自転車を盗まれちゃった）　198
89　Thank you for ～（パーティーに招待してくれてありがとう）　200
90　I'm sorry ～（この本の返却が遅れてごめんなさい）　202
91　He/She seems ～（彼は酔っているようだ）　204
92　I forgot to ～（ゆうべ目覚ましをセットし忘れた）　206
93　I'm 形容詞～（お目にかかれてうれしいです）　208
94　It's ～（今日は曇っています）　210
95　It's 形容詞～（彼を説得するのは難しいです）　212
96　I'll 動詞[原形]人～（値引きしますよ）　214
97　I think (that) ～（試合は中止になると思うよ）　216
98　Don't you think (that) ～？（このビデオ、退屈だと思わない？）　218
99　I hope (that) ～（またお会いできるといいですね）　220
100　I'm afraid (that) ～（残念だが午後は雨になりそうだ）　222

I'm 〜
私はこの学校の生徒です

I'm	+	名詞	+	修飾語句
私は〜です		生徒		この学校の
		a student	+	**of this school.**
		ア ス**テュー**ダント		アヴ ディス**クー**ォ
		店長		この店の
		the manager	+	**of this shop.**
		ザ **メァ**ニヂャ		アヴ **ディ** シャップ
I'm	+	卒業生		早稲田大学の
		a graduate	+	**of Waseda University.**
		ア グ**レァ**ヂュエイト		アヴ ワ**セ**ダ ユニ**ヴァー**スィティ
		会員		そのクラブの
		a member	+	**of the club.**
アイム		ア **メ**ムバ		アヴ ザ ク**ラ**ブ

ポイント POINT

自己紹介するときに・・・
I'm a college student.（私は大学生です）、I'm from Japan.（日本から来ました）など、自分自身について語るときの最も基本的な表現。

文構築ドリル LISTENING & SPEAKING

1. 私はこの学校の生徒です。　**I'm a student of this school.**

| 私は生徒です | I'm a student |
| + この学校の | + of this school. |

2. 私はこの店の店長です。　**I'm the manager of this shop.**

| 私は店長です | I'm the manager |
| + この店の | + of this shop. |

3. 私は早稲田大学の卒業生です。**I'm a graduate of Waseda University.**

| 私は卒業生です | I'm a graduate |
| + 早稲田大学の | + of Waseda University. |

4. 私はそのクラブの会員です。　**I'm a member of the club.**

| 私は会員です | I'm a member |
| + そのクラブの | + of the club. |

ミニ会話 MINI CONVERSATION

A: What university did you graduate from?
何大学を卒業されましたか。

B: I'm a graduate of Waseda University.
私は早稲田大学の卒業生です。

A: Are you? Me, too.
そうですか。私もなんです。

UNIT 2

We're 〜
私たちは今月は忙しいです

We're +	形容詞	+	修飾語句
私たちは〜です	忙しい		今月
We're +	**busy** ビズィ	+	**this month.** ディス マンス
	空腹な		今
	hungry ハングリ	+	**now.** ナウ
	疲れた		今週
	tired タイアド	+	**this week.** ディス ウィーク
	ひまな		今日
	free フリー	+	**today.** トゥデイ
ウィア			

ポイント POINT

どんな状態かを伝えたいときに・・・

We're の後ろに happy（うれしい）、sad（悲しい）、surprised（驚いている）、healthy（健康だ）、sick（病気だ）、busy（忙しい）などを続ければ、「私たちがどんな状態か」を表すことができます。

文構築ドリル LISTENING & SPEAKING

1. 私たちは今月は忙しいです。 **We're busy this month.**

| 私たちは忙しいです | We're busy |
| + 今月 | + this month. |

2. 私たちは今空腹だ。 **We're hungry now.**

| 私たちは空腹です | We're hungry |
| + 今 | + now. |

3. 私たちは今週は疲れている。 **We're tired this week.**

| 私たちは疲れています | We're tired |
| + 今週 | + this week. |

4. 私たちは今日ひまです。 **We're free today.**

| 私たちはひまです | We're free |
| + 今日 | + today. |

ミニ会話 MINI CONVERSATION

A: We're hungry now.
私たちは今おなかがすいてるんだ。
B: I'll make something to eat for you.
何か食べるものを作ってあげるよ。
A: Thank you.
ありがとう。

UNIT 3

Are you ～ ?
あなたはその会社の社員ですか？

Are you +	名詞	+	修飾語句 ?

あなたは〜ですか	社員	その会社の
	a worker	+ **of the company?**
	ア **ワ**ーカ	アヴ ザ **カ**ンパニ
Are you +	リーダー	その団体の
	the leader	+ **of the group?**
	ザ **リ**ーダ	アヴ ザ グ**ルー**プ
	所有者	このレストランの
	the owner	+ **of this restaurant?**
	ジ **オウ**ナ	アヴ ディス **レス**トラント
	主任	この課の
	the chief	+ **of this section?**
アーリュー	ザ **チー**フ	アヴ ディス **セ**クシャン

ポイント POINT

相手のことを尋ねるときに・・・

例えば Are you his friend? は「あなたは彼の友人ですか」。また、具合が悪そうな人には、Are you sick?（気分が悪いの？）や Are you all right?（大丈夫？）と「Are you+ 形容詞」で尋ねることもできます。

文構築ドリル LISTENING & SPEAKING

1. あなたはその会社の社員ですか？
Are you a worker of the company?

あなたは社員ですか
+ その会社の

Are you a worker
+ of the company?

2. あなたはその団体のリーダーですか？
Are you the leader of the group?

あなたはリーダーですか
+ その団体の

Are you the leader
+ of the group?

3. あなたはこのレストランの所有者ですか？
Are you the owner of this restaurant?

あなたは所有者ですか
+ このレストランの

Are you the owner
+ of this restaurant?

4. あなたはこの課の主任ですか？
Are you the chief of this section?

あなたは主任ですか
+ この課の

Are you the chief
+ of this section?

ミニ会話 MINI CONVERSATION

A: Are you the chief of this section?
あなたはこの課の主任ですか？

B: No, Mr. Morita is the chief. I work under him.
いいえ、森田が主任です。私は彼の部下です。

A: Can I see Mr. Morita?
森田さんにお会いできますか？

29

UNIT 4　He/She isn't ～
彼は英語の先生ではない

He/She isn't +	名詞	+	修飾語句

彼は／彼女は〜ではない	先生		英語の
	a teacher	+	**of English.**
	ア **ティーチャ**		アブ **イングリッシュ**
He/She isn't +	流ちょうな話し手		フランス語の
	a fluent speaker	+	**of French.**
	ア **フルーアント スピーカ**		アブ **フレンチ**
	得意客		私たちの
	a customer	+	**of ours.**
	ア **カスタマ**		ア **ヴァウアズ**
	招待客		パーティーの
	a guest	+	**at the party.**
ヒー／シー イズント	ア **ゲスト**		アット ザ **パァティ**

ポイント POINT

「〜ではない」と言いたいときに・・・

例えば He is my boss. は「彼は私の上司です」。この is を isn't に変えて He isn't my boss. と言えば、「彼は私の上司<u>ではありません</u>」の意味になります。

30

文構築ドリル LISTENING & SPEAKING

1. 彼は英語の先生ではない。　**He isn't a teacher of English.**

| 彼は先生ではない | He isn't a teacher |
| ＋ 英語の | ＋ of English. |

2. 彼はフランス語を流ちょうに話せない。　**He isn't a fluent speaker of French.**

| 彼は流ちょうな話し手ではない | He isn't a fluent speaker |
| ＋ フランス語の | ＋ of French. |

3. 彼女は当店のお客様ではありません。　**She isn't a customer of ours.**

| 彼女は得意客ではない | She isn't a customer |
| ＋ 私たちの | ＋ of ours. |

4. 彼女はパーティーの招待客ではない。　**She isn't a guest at the party.**

| 彼女は招待客ではない | She isn't a guest |
| ＋ パーティーの | ＋ at the party. |

ミニ会話 MINI CONVERSATION

A: Mr. Hara speaks English well.
　原さんは英語が上手ね。
B: Yes, but he isn't a teacher of English.
　うん、でも彼は英語の先生じゃないよ。
A: Really? I wonder if he has lived in America.
　本当に？ アメリカに住んでたのかしら。

UNIT 5　This/That is 〜
これは私の家族の写真です

This/That	is +	名詞	+	修飾語句

これは／あれは〜です	写真		私の家族の
	a picture	+	**of my family.**
	ア ピクチャ		アブ マイ **ファ**ミリ
	アルバム		私たちの旅行の
This/That is +	**the photo album**	+	**of our trip.**
	ザ **フォウ**トウ ア**ル**バム		ア**ヴァ**ウア トゥ**リ**ップ
	病院		動物のための
	a hospital	+	**for animals.**
	ア **ハ**スピタォ		フォア **エァ**ニマォズ
	施設		高齢者のための
	a facility	+	**for aged people.**
ディス／ザット イズ	ア ファ**スィ**リティ		フォア **エイ**ヂド **ピ**ーポォ

ポイント POINT

物などを説明するときに・・・
例えば自分の家の前に立っていれば This is my house.（これは私の家です）、離れたところにある家を指すときは That is my house.（あれは私の家です）と言います。

32

文構築ドリル

1. これは私の家族の写真です。 **This is a picture of my family.**

| これは写真です | This is a picture |
| + 私の家族の | + of my family. |

2. これは私たちの旅行のアルバムです。 **This is the photo album of our trip.**

| これはアルバムです | This is the photo album |
| + 私たちの旅行の | + of our trip. |

3. あれは動物のための病院です。 **That is a hospital for animals.**

| あれは病院です | That is a hospital |
| + 動物のための | + for animals. |

4. あれは高齢者のための施設です。 **That is a facility for aged people.**

| あれは施設です | That is a facility |
| + 高齢者のための | + for aged people. |

ミニ会話 MINI CONVERSATION

A: This is a picture of my family.
これは私の家族の写真よ。
B: Is this tall man your father?
この背の高い人があなたのお父さん？
A: No, he's my uncle.
いや、彼は私のおじさんよ。

UNIT 6

This/That 名詞〜
この映画は退屈だ

This/That	名詞	+ is 形容詞	+ 修飾語句
この／あの	映画は **film** フィォム	退屈です +**is boring.** イズ **ボァ**リング	
This/That	本は **book** ブック	品切れです +**is out of stock.** イズ **アウ**タヴ スタック	
	建物は **building** ビォディング	一番高いです +**is the tallest** イザ **トー**レスト	この市で +**in this city.** イン ディ **スィ**ティ
	家は **house** ハウス	より大きいです +**is bigger** イズ ビガ	私の家よりも +**than mine.** ザン **マ**イン
ディス／ザット			

ポイント POINT

「この〜」「あの〜」と言うときに・・・

例えば、This is a big house.（これは大きい家だ）のときは a が必要ですが、This house is big.（この家は大きい）の場合は big の前に a をつけてはいけません。前の文の a は、house（名詞）につく言葉です。

34

文構築ドリル LISTENING & SPEAKING

1. この映画は退屈だ。　　**This film is boring.**

この映画は	This film
+ 退屈です	+ is boring.

2. この本は品切れです。　　**This book is out of stock.**

この本は	This book
+ 品切れです	+ is out of stock.

3. あの建物はこの市で一番高い。　　**That building is the tallest in this city.**

あの建物は	That building
+ 一番高いです	+ is the tallest
+ この市で	+ in this city.

4. あの家は私の家よりも大きい。　　**That house is bigger than mine.**

あの家は	That house
+ より大きいです	+ is bigger
+ 私の家よりも	+ than mine.

・mine 私のもの

ミニ会話 MINI CONVERSATION

A: This book is out of stock.
この本は品切れです。
B: When will it come in?
いつ入荷しますか？
A: Sorry, I have no idea.
申し訳ありませんが、わかりません。

UNIT 7

Is this/that ～?
これが君の捜しているカギかい？

Is this/that	+	名詞	+	修飾語句	?

これは／あれは〜ですか	カギ	君が捜している
	the key ザ **キー**	+ **you're looking for?** ユーア **ルッ**キン フォア
Is this/ that +	看板 **a signboard** ア **サイン**ボァド	+ ホテルの **of a hotel?** アヴァ **ホウ**ゥォ
	絵 **the picture** ザ **ピ**クチャ	+ あなたが描いた **you drew?** ユー ドゥ**ルー**
	お寺 **a temple** ア **テン**ブォ	+ 向こうの **over there?** **オウ**ヴァ **ゼ**ア
イズ **ディ**ス／ **ザッ**ト		

ポイント POINT

物などについて尋ねるときに・・・

Is this your umbrella?（これは君の傘かい？）、Is that a Chinese restaurant?（あれは中華料理店ですか）のように、物や人について「〜ですか」と質問するときに使う言い方です。

文構築ドリル LISTENING & SPEAKING

1. これが君の捜しているカギかい？ **Is this the key you're looking for?**

これはカギですか	Is this the key
+ 君が捜している	+ you're looking for?

・look for 捜す

2. あれはホテルの看板ですか？ **Is that a signboard of a hotel?**

あれは看板ですか	Is that a signboard
+ ホテルの	+ of a hotel?

3. これがあなたの描いた絵ですか？ **Is this the picture you drew?**

これは絵ですか	Is this the picture
+ あなたが描いた	+ you drew?

・draw 描く

4. 向こうに見えるあれはお寺ですか？ **Is that a temple over there?**

あれはお寺ですか	Is that a temple
+ 向こうの	+ over there?

ミニ会話 MINI CONVERSATION

A: Is that a temple over there?
向こうに見えるあれはお寺ですか？
B: No, it's a famous shrine.
いいえ、あれは有名な神社です。
A: Who is it dedicated to?
だれが祭られているのですか？

UNIT 8

I was 〜
私は当時高校生でした

I was	+	名詞	+	修飾語句
私は〜でした		高校生 **a high school student** ア ハイ スクーォ ステューダント	+	当時 **at that time.** アット ザッタイム
I was	+	社員 **an employee** アネムプロイイー	+	その会社の **of the firm.** アヴ ザ ファーム
		肥満児 **an overweight child** アノウヴァウェイト チャイォド	+	十代の頃 **in my teens.** イン マイ ティーンズ
		主将 **a captain** ア キャプトゥン	+	野球部の **of the baseball club.** アヴ ザ ベイスボーォ クラブ
アイ ワズ				

ポイント POINT

過去のことを伝えたいときに・・・
例えば「私はうれしい」= I am happy. の am を was に変えて I was happy. とすれば、「私はうれしかった」という過去の意味を表します。「私たちはうれしかった」なら、We were happy. となります。

文構築ドリル LISTENING & SPEAKING

1. 私は当時高校生でした。 | **I was a high school student at that time.**

私は高校生でした | I was a high school student
+ 当時 | + at that time.

2. 私はその会社の社員でした。 | **I was an employee of the firm.**

私は社員でした | I was an employee
+ その会社の | + of the firm.

3. 十代の頃は肥満児でした。 | **I was an overweight child in my teens.**

私は肥満児でした | I was an overweight child
+ 十代の頃 | + in my teens.

・overweight　太りすぎの

4. ぼくは野球部の主将でした。 | **I was a captain of the baseball club.**

私は主将でした | I was a captain
+ 野球部の | + of the baseball club.

ミニ会話 MINI CONVERSATION

A: You're very slender, aren't you?
あなたはとてもスマートね。
B: I was an overweight child in my teens.
十代の頃は太った子だったよ。
A: I can't believe it!
信じられないわ！

UNIT 9

There is/are 〜
丘の上にホテルがあります

There is/are +	名詞	+	修飾語句

	あります	ホテルが	丘の上に
There is +	**a hotel**	+	**on the hill.**
	ア ホウテォ		オン ザ ヒォ
	守衛が		門の前に
	a guard	+	**in front of the gate.**
ゼアリズ	ア ガァド		インフランナヴ ザ ゲイト
	あります	3つの病院が	この町に
	three hospitals	+	**in this town.**
There are +	スリー ハスピタォズ		イン ディス タウン
	50人の労働者が		この工場に
	50 workers	+	**in this factory.**
ゼアラー	フィフティ ワーカーズ		イン ディス ファクタリ

ポイント POINT

場所を説明するときに・・・

道案内をする場合に、There is a police station over there.（向こうに交番があります）、There are two bookstores near the station.（駅の近くに本屋が2軒あります）などと言うことができます。

文構築ドリル LISTENING & SPEAKING

1. 丘の上にホテルがあります。 **There is a hotel on the hill.**

ホテルがあります
+ 丘の上に

There is a hotel
+ on the hill.

2. 門の前に守衛がいます。 **There is a guard in front of the gate.**

守衛がいます
+ 門の前に

There is a guard
+ in front of the gate.

3. この町には3つの病院があります。 **There are three hospitals in this town.**

3つの病院があります
+ この町に

There are three hospitals
+ in this town.

4. この工場には50人の労働者がいます。 **There are 50 workers in this factory.**

50人の労働者がいます
+ この工場に

There are 50 workers
+ in this factory.

ミニ会話 MINI CONVERSATION

A: There are three general hospitals in this town.
この町には3つの総合病院があります。

B: Do they have a pediatric department?
そのどこかに小児科がありますか？

A: I'm afraid not.
残念ながらないと思います。

UNIT 10　Is/Are there 〜？
このあたりにコンビニがありますか？

Is/Are there +	名詞	+	修飾語句 ?

	ありますか	コンビニが	このあたりに
Is there +		**a convenience store** ア カン**ヴィ**ニアン ス**トァ**	**+around here?** ア**ラ**ウンド **ヒ**ア
	銀行が	**a bank** ア ベ**ァ**ンク	駅の近くに **+near the station?** **ニ**ア ザ ス**テイ**シャン
イズ ゼア			
	ありますか	空席が	バスの中に
Are there +		**any vacant seats** エニ **ヴェイ**カント **シ**ーツ	**+in the bus?** イン ザ **バ**ス
	大勢の食事客が	**many diners** **メ**ニ **ダイ**ナーズ	レストランに **+in the restaurant?** イン ザ **レ**ストゥラント
アー ゼア			

ポイント POINT

場所を尋ねるときに・・・

例えば Is there a mailbox around here?（この近くにポストがありますか）という問いに対しては、Yes, there is.（はい、あります）または No, there isn't.（いいえ、ありません）と答えます。

文構築ドリル LISTENING & SPEAKING

1. このあたりにコンビニがありますか？
Is there a convenience store around here?

コンビニがありますか
+ このあたりに

Is there a convenience store
+ around here?

---

2. 駅の近くに銀行がありますか？
Is there a bank near the station?

銀行がありますか
+ 駅の近くに

Is there a bank
+ near the station?

---

3. バスに空席がありますか？
Are there any vacant seats in the bus?

空席がありますか
+ バスの中に

Are there any vacant seats
+ in the bus?

・vacant seat　空席

---

4. レストランには大勢の客がいますか？
Are there many diners in the restaurant?

大勢の食事客がいますか
+ レストランに

Are there many diners
+ in the restaurant?

ミニ会話 MINI CONVERSATION

A: Is there a convenience store around here?
このあたりにコンビニがありますか？
B: Yes, there's one just around that corner.
ええ、あの角を曲がってすぐのところにありますよ。
A: Thanks.
ありがとうございます。

43

UNIT 11

I have ～
その映画の DVD を持っています

I have	+	名詞	+	修飾語句
私は持っている		DVDを		その映画の
		a DVD	+	**of the movie.**
		ア ディーヴィーディー		アブ ザ ムーヴィー
		サインを		その歌手の
		an autograph	+	**of the singer.**
I have +		アノータグレァフ		アヴ ザ スィンガ
		おじを		神戸に
		an uncle	+	**in Kobe.**
		アナンクォ		イン コウベ
		おばを		カナダに
		an aunt	+	**in Canada.**
アイ ヘァヴ		アナーント		イン キャナダ

ポイント POINT

自分の持っているものを説明するときに・・・

have（持っている）の後ろに置くのは、「持ち物」とは限りません。I have some American friends.（アメリカ人の友人が何人かいます）、I have a headache.（頭が痛い）などのようにも使えます。

文構築ドリル LISTENING & SPEAKING

1. その映画のDVDを持っています。
I have a DVD of the movie.

私はDVDを持っている / I have a DVD
+ その映画の / + of the movie.

2. その歌手のサインを持っています。
I have an autograph of the singer.

私はサインを持っている / I have an autograph
+ その歌手の / + of the singer.

・autograph（有名人が色紙などにする）サイン

3. 神戸におじがいます。
I have an uncle in Kobe.

私はおじを持っている / I have an uncle
+ 神戸に / + in Kobe.

4. カナダにおばがいます。
I have an aunt in Canada.

私はおばを持っている / I have an aunt
+ カナダに / + in Canada.

ミニ会話 MINI CONVERSATION

A: I have an aunt in Canada.
カナダにおばがいるよ。

B: Do you often visit her?
よく訪ねて行くの？

A: I stay with her every summer.
毎年夏には泊まりに行くよ。

UNIT 12　He/She has 〜
彼女は手に切符を持っている

He/She has +	名詞	+	修飾語句

彼女は持っている	切符を		手に
She has +	**a ticket**	+	**in her hand.**
	ア **ティ**ケット		イン ハー **ヘァ**ンド
	雑誌を		腕の下に
	a magazine	+	**under her arm.**
シー ヘァズ	ア マガ**ズィ**ーン		アンダ ハー**ラァ**ム
彼は持っている	能力を		10人分の
	the ability	+	**of 10 men.**
He has +	ジ ア**ビ**ラティ		アブ **テン メン**
	才能を		美術のための
	a talent	+	**for art.**
ヒー ヘァズ	ア **テァ**レント		フォア **ラァ**ト

ポイント POINT

「彼」や「彼女」の持っているものを説明するときに・・・

「持っている」は have ですが、He や She の後ろでは has となります。「彼は〜を持っていません」は He doesn't have 〜、「彼は〜を持っていますか」は Does he have 〜？と言います。

文構築ドリル LISTENING & SPEAKING

1. 彼女は手に切符を持っている。 / She has a ticket in her hand.

彼女は切符を持っている	She has a ticket
+ 手の中に	+ in her hand.

2. 彼女は雑誌を小脇に抱えている。 / She has a magazine under her arm.

彼女は雑誌を持っている	She has a magazine
+ 腕の下に	+ under her arm.

3. 彼には10人分の能力がある。 / He has the ability of 10 men.

彼は能力を持っている	He has the ability
+ 10人分の	+ of 10 men.

4. 彼には美術の才能がある。 / He has a talent for art.

彼は才能を持っている	He has a talent
+ 美術のための	+ for art.

ミニ会話 MINI CONVERSATION

A: Who painted this beautiful picture?
このきれいな絵はだれが描いたの？
B: Kenji did.
ケンジよ。
A: Really? He has a talent for art.
本当に？ 彼には美術の才能があるね。

UNIT 13
He/She 動詞 [-s] 〜
彼女は海外旅行が大好きだ

He / She	+	動詞 [-s]	+	名詞 / 動詞 [ing]	+	修飾語句

彼は／彼女は		大好きだ	海外旅行が	
		loves +	**traveling abroad.**	
		ラヴズ	トゥラヴェリン ナブロード	
		電話する	私に	毎晩
He/She +		**calls** +	**me** +	**every night.**
		コーォズ	ミー	エヴリ ナイト
		好きだ	ゴルフを することを	
		likes +	**playing golf.**	
		ライクス	プレイン ゴフ	
		話す	英語を	とても上手に
		speaks +	**English** +	**very well.**
ヒー／シー		スピークス	イングリッシュ	ヴェリ ウェォ

ポイント POINT

He や She の後ろに動詞を置くときは・・・

例えば「大好きだ」は love ですが、He や She の後ろに動詞を置くときは、He/She loves と s をつけます。watch → watches のように es をつける場合もあります。

文構築ドリル LISTENING & SPEAKING

1. 彼女は海外旅行が大好きだ。 She loves traveling abroad.

| 彼女は大好きだ | She loves |
| + 海外旅行が | + traveling abroad. |

2. 彼が毎晩電話してくるんだ。 He calls me every night.

彼は電話する	He calls
+ 私に	+ me
+ 毎晩	+ every night.

3. 彼はゴルフをするのが好きです。 He likes playing golf.

| 彼は好きだ | He likes |
| + ゴルフをすることを | + playing golf. |

4. 彼女はとても上手に英語を話す。 She speaks English very well.

彼女は話す	She speaks
+ 英語を	+ English
+ とても上手に	+ very well.

ミニ会話 MINI CONVERSATION

A: He calls me every night.
彼は毎晩ぼくに電話してくるんだ。

B: What do you talk about?
あなたたちは何を話すの？

A: I just listen to his complaints.
ぼくは彼のぐちを聞いてるだけさ。

UNIT 14

I 動詞 [過去形] 〜
新しいパソコンを買ったんだ

I	+	動詞 [過去]	+	名詞	+	修飾語句

私は	買った	新しいパソコンを	
	bought	**a new computer.**	
	ボート	ア ニュー カムピュータ	
	置き忘れた	カメラを	タクシーの中に
	left	**my camera**	**in the taxi.**
I	レフト	マイ キャメラ	イン ザ タクスィ
	見た	面白いビデオを	ゆうべ
	watched	**an exciting video**	**last night.**
	ウォッチト	アネクサイティン ヴィデオウ	ラスト ナイト
	持った	ぐっすり眠ることを	
	had	**a good night's sleep**	
アイ	ヘァド	ア グッ ナイツ スリープ	

ポイント POINT

「〜した」という過去の意味を表すには・・・

例えば「買う」は buy ですが、「買った」（過去形）は bought と言います。動詞の過去形は、look → looked のように ed をつけて作るのが原則ですが、buy のように不規則な過去形を使う動詞もあります。

文構築ドリル LISTENING & SPEAKING

1. 新しいパソコンを買ったんだ。 | **I bought a new computer.**

| 私は買った | I bought |
| + 新しいパソコンを | + a new computer. |

2. タクシーにカメラを置き忘れちゃった。 | **I left my camera in the taxi.**

私は置き忘れた	I left
+ カメラを	+ my camera
+ タクシーの中に	+ in the taxi.

3. ゆうべ面白いビデオを見たよ。 | **I watched an exciting video last night.**

私は見た	I watched
+ 面白いビデオを	+ an exciting video
+ ゆうべ	+ last night.

4. 一晩ぐっすり寝ました。 | **I had a good night's sleep.**

| 私は持った | I had |
| + ぐっすり眠ることを | + a good night's sleep. |

ミニ会話 MINI CONVERSATION

A: I bought a new computer.
新しいパソコンを買ったんだ。
B: How much was it?
いくらしたの？
A: Just 50 thousand yen at the discount shop.
安売り店でほんの5万円さ。

UNIT 15

I don't ～
お酒は飲まないんです

I don't	+	動詞 [原形]	+	名詞
私は～ない		飲む **drink** ドゥリンク	+	アルコールを **alcohol.** エァルカホーォ
		食べる **eat** イート	+	辛い料理を **spicy food.** スパイシー フード
I don't	+	聞く **listen to** リスン トゥ	+	ジャズを **jazz.** ヂャズ
		見る **watch** ウォッチ	+	テレビを **TV.** ティーヴィー
アイ ドゥント				

ポイント POINT

「～しない」と言いたいときに・・・
I smoke.（私はたばこをすいます）を「私はたばこをすいません」の意味にするには、I don't smoke. と言います。I'm a student.（私は学生です）→ I'm not a student.（私は学生ではありません）との違いに注意しましょう。

52

文構築ドリル LISTENING & SPEAKING

1. お酒は飲まないんです。 | **I don't drink alcohol.**

私は飲まない | I don't drink
+ アルコールを | + alcohol.

2. 辛い料理は食べません。 | **I don't eat spicy food.**

私は食べない | I don't eat
+ 辛い料理を | + spicy food.

3. ジャズは聞きません。 | **I don't listen to jazz.**

私は聞かない | I don't listen to
+ ジャズを | + jazz.

4. テレビは見ません。 | **I don't watch TV.**

私は見ない | I don't watch
+ テレビを | + TV.

ミニ会話 MINI CONVERSATION

A: Which would you like, beer or sake?
ビールと日本酒とどっちがいい？
B: I'd like oolong tea. I don't drink alcohol.
ウーロン茶をもらうわ。お酒は飲まないの。
A: OK.
わかった。

UNIT 16　I didn't ～
昼食を取らなかった

I didn't +	動詞 [原形] +	名詞
私は～なかった	食べる	昼食を
	have +	**lunch.**
	ヘァヴ	ランチ
	買う	おみやげを
	buy +	**any souvenirs.**
I didn't +	バイ	エニ スーヴニアズ
	気づく	標識を
	notice +	**the sign.**
	ノウティス	ザ サイン
	知っている	彼女の住所を
	know +	**her address.**
アイ ディドゥント	ノウ	ハー アドゥレス

ポイント POINT

「～しなかった」と言いたい時に・・・

例えば I don't know his name.（私は彼の名前を知らない）の don't を didn't に変えると、「私は彼の名前を知らなかった」という過去の意味になります。「君／彼は～しなかった」も、You/He didn't ~ と言います。

文構築ドリル LISTENING & SPEAKING

1. 昼食を取らなかった。　　**I didn't have lunch.**

| 私は食べなかった | I didn't have |
| + 昼食を | + lunch. |

2. 何もおみやげを買わなかった。**I didn't buy any souvenirs.**

| 私は買わなかった | I didn't buy |
| + おみやげを | + any souvenirs. |

3. 標識に気づかなかった。　　**I didn't notice the sign.**

| 私は気づかなかった | I didn't notice |
| + 標識を | + the sign. |

4. 彼女の住所を知らなかった。　**I didn't know her address.**

| 私は知らなかった | I didn't know |
| + 彼女の住所を | + her address. |

ミニ会話 MINI CONVERSATION

A: This is a no-parking zone.
ここは駐車禁止ですよ。
B: I didn't notice the sign.
標識に気づかなかったんです。
A: Show me your driver's license, please.
免許証を見せてください。

UNIT 17

He/She doesn't ～
彼は旅行があまり好きではない

He / She doesn't +	動詞 [原形]	+	名詞 / 動詞 [ing]	+	修飾語句

彼は～ない	好む	旅行を	あまり
He doesn't	**like** ライク	**+ traveling** トゥラヴェリン	**+ very much.** ヴェリ マッチ
ヒー ダズント	持っている **have** ハァヴ	運転免許を **+ a driver's license.** ア ドゥライヴァズ ライサンス	
彼女は～ない	愛する	彼女の夫を	
She doesn't	**love** ラヴ	**+ her husband.** ハー ハズバンド	
	読む **read** リード	雑誌を **+ magazines.** マガズィーンズ	
シー ダズント			

ポイント POINT

He や She の後ろに「～しない」と続けるには・・・

「私は～しない」は I don't ～と言いますが、「彼／彼女は～しない」は He/She doesn't ～となります。I love と He loves の関係と同じように、do が does に変わったと考えましょう。

文構築ドリル LISTENING & SPEAKING

1. 彼は旅行があまり好きではない。 | He doesn't like traveling very much.

彼は好まない | He doesn't like
+ 旅行を | + traveling
+ あまり | + very much.

2. 彼は運転免許を持っていない。 | He doesn't have a driver's license.

彼は持っていない | He doesn't have
+ 運転免許を | + a driver's license.

3. 彼女は夫を愛していない。 | She doesn't love her husband.

彼女は愛していない | She doesn't love
+ 彼女の夫を | + her husband.

4. 彼女は雑誌を読まない。 | She doesn't read magazines.

彼女は読まない | She doesn't read
+ 雑誌を | + magazines.

ミニ会話 MINI CONVERSATION

A: Do you travel with your husband?
ご主人とは旅行するかい？
B: No. He doesn't like traveling very much.
いいえ。彼は旅行があまり好きじゃないの。
A: Why don't you go to Okinawa with us?
ぼくたちと一緒に沖縄へ行くのはどう？

UNIT 18

Do you have ～？
小銭を持っていますか？

| Do you have + | 名詞 | + | 修飾語句 | ？ |

あなたは持っていますか	小銭を	あなたの身につけて
Do you have	**small change** スモーォ チェインヂ	**with you?** ウィズュー
	何かを **something** サムシン	書くための **to write with?** トゥ ライト ウィズ
	何かを **anything** エニシン	申告するための **to declare?** トゥ ディクレア
	支店を **branches** ブレァンチィズ	関西に **in Kansai?** イン カンサイ

ドゥ ユー ヘァヴ

ポイント POINT

相手の持っているものを尋ねるときに・・・

例えば Do you have a driver's license?（運転免許を持っていますか）という問いに対しては、Yes, I do.（はい、持っています）または No, I don't.（いいえ、持っていません）と答えます。

文構築ドリル LISTENING & SPEAKING

1. 小銭を持っていますか？ — **Do you have small change with you?**

あなたは小銭を持っていますか	Do you have small change
＋ あなたの身につけて	＋ with you?

2. 何か書くもの（道具）を持っていますか？ — **Do you have something to write with?**

あなたは何かを持っていますか	Do you have something
＋ 書くための	＋ to write with?

3. （税関に）申告するものが何かありますか？ — **Do you have anything to declare?**

あなたは何かを持っていますか	Do you have anything
＋ 申告するための	＋ to declare?

4. おたくの会社は関西に支店がありますか？ — **Do you have branches in Kansai?**

あなた方は支店を持っていますか	Do you have branches
＋ 関西に	＋ in Kansai?

ミニ会話 MINI CONVERSATION

A: Do you have anything to declare?
申告するものが何かありますか？

B: Yes, I do.
はい、あります。

A: Fill in this form, please.
この用紙に記入してください。

UNIT 19

Do you ～？
何かスポーツをしていますか？

| Do you | ＋ | 動詞 [原形] | ＋ | 名詞 | ？ |

あなたは〜しますか	する	何かスポーツを
	do ドゥー	**any sports?** エニ スポァツ
	好む	クラシック音楽を
Do you ＋	**like** ライク	**classical music?** クレァスィカル ミューズィク
	知っている	彼女のメールアドレスを
	know ノウ	**her e-mail address?** ハーリーメイォ アドゥレス
	使う	インターネットを
	use ユーズ	**the Internet?** ジ インタネット
ドゥ ユー		

ポイント POINT

「〜しますか」と尋ねるときに・・・

例えば相手の趣味を尋ねる場合、Do you play golf?（ゴルフをしますか）、Do you like karaoke?（カラオケは好きですか）、Do you often travel?（よく旅行しますか）などと言うことができます。

文構築ドリル LISTENING & SPEAKING

1. 何かスポーツをしていますか？　　**Do you do any sports?**

あなたはしますか　　Do you do
+ 何かスポーツを　　+ any sports?

2. クラシック音楽はお好きですか？　　**Do you like classical music?**

あなたは好みますか　　Do you like
+ クラシック音楽を　　+ classical music?

3. 彼女のメールアドレスを知っていますか？　　**Do you know her e-mail address?**

あなたは知っていますか　　Do you know
+ 彼女のメールアドレスを　　+ her e-mail address?

4. インターネットを使っていますか？　　**Do you use the Internet?**

あなたは使いますか　　Do you use
+ インターネットを　　+ the Internet?

ミニ会話 MINI CONVERSATION

A: Do you do any sports?
何かスポーツをしてるかい？

B: Yes, I do. I play tennis every Sunday.
ええ。毎週日曜日にテニスをしてるわ。

A: I envy you. I'm busy doing housework on Sundays.
君がうらやましいな。ぼくは日曜日は家事をするのに忙しいんだ。

UNIT 20　Does he/she ～ ?
彼は英語を上手に話しますか？

| Does he/she | + | 動詞[原形] | + | 名詞 | + | 修飾語句 | ? |

	話す	英語を	上手に
彼は／彼女は〜しますか	**speak** +	**English** +	**well?**
	スピーク	イングリッシュ	ウェォ
Does he/she +	必要とする	金銭的な援助を	
	need +	**financial help?**	
	ニード	ファイ**ナ**ンシャォ ヘォプ	
	身につけている	めがねを	
	wear +	**glasses?**	
	ウェア	グ**レ**アスィズ	
	する	通販での買い物を	
	do +	**mail-order shopping?**	
ダズ ヒー／シー	ドゥー	メィォ**オ**アダ シャッピン	

ポイント POINT

「彼／彼女は〜しますか」と尋ねるときに・・・

「あなたは〜しますか」は Do you 〜？ですが、「彼／彼女は〜しますか」は Does he/she 〜？と言います。答え方は、Yes, he/she does. または No, he/she doesn't. です。

文構築ドリル LISTENING & SPEAKING

1. 彼は英語を上手に話しますか？ — **Does he speak English well?**

彼は話しますか	Does he speak
＋ 英語を	＋ English
＋ 上手に	＋ well?

2. 彼には金銭的な援助が必要ですか？ — **Does he need financial help?**

彼は必要としますか	Does he need
＋ 金銭的な援助を	＋ financial help?

3. 彼女はめがねをかけていますか？ — **Does she wear glasses?**

彼女は身につけていますか	Does she wear
＋ めがねを	＋ glasses?

4. 彼女は通販で買い物をしますか？ — **Does she do mail-order shopping?**

彼女はしますか	Does she do
＋ 通販での買い物を	＋ mail-order shopping?

ミニ会話 MINI CONVERSATION

A: Mr. Maeda was transferred to New York.
前田さんがニューヨークに転勤になったよ。

B: Does he speak English?
彼は英語を話すの？

A: Yes, he majored in English in college.
もちろん。彼は大学で英語を専攻したんだよ。

UNIT 21

Did you ～ ?
終電に間に合ったの？

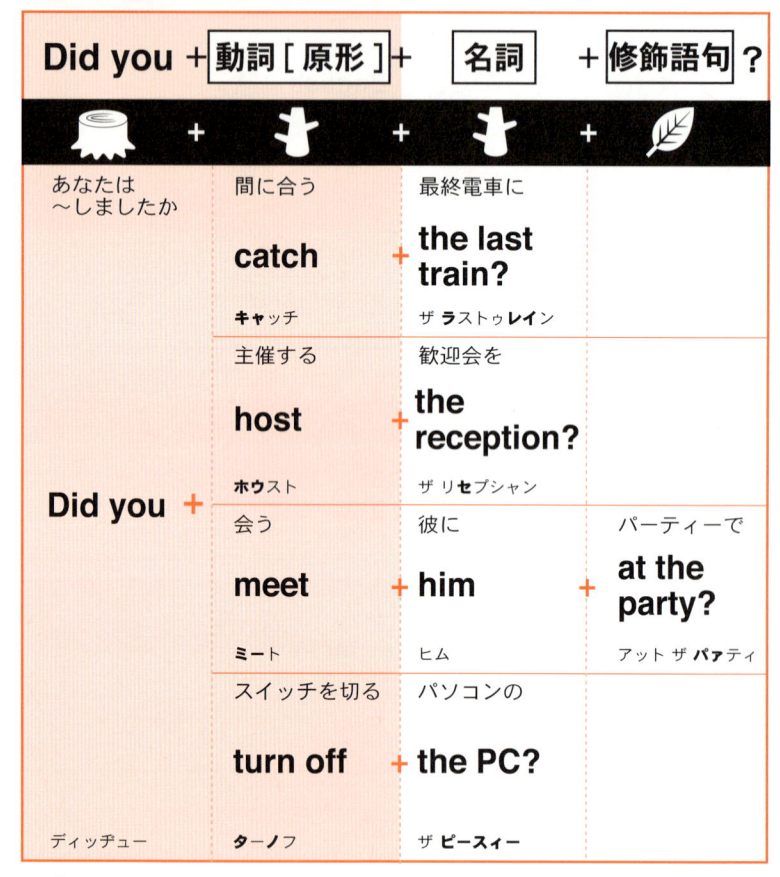

Did you + 動詞[原形] + 名詞 + 修飾語句 ?

あなたは〜しましたか	間に合う **catch** キャッチ	最終電車に **the last train?** ザ ラストゥレイン	
	主催する **host** ホウスト	歓迎会を **the reception?** ザ リセプシャン	
Did you +	会う **meet** ミート	彼に **him** ヒム	パーティーで **at the party?** アット ザ パァティ
	スイッチを切る **turn off** ターノフ	パソコンの **the PC?** ザ ピースィー	

ディッヂュー

ポイント POINT

「〜しましたか」と尋ねるときに・・・

「あなたは〜しますか」は Do you 〜 ? ですが、「あなたは〜しましたか」は Did you 〜 ? と言います。he や she の場合も、同じように Did he/she 〜 ? となります。

文構築ドリル LISTENING & SPEAKING

1. 終電に間に合ったの？ **Did you catch the last train?**

あなたは間に合いましたか	Did you catch
+ 最終電車に	+ the last train?

2. あなたが歓迎会を主催したの？ **Did you host the reception?**

あなたは主催しましたか	Did you host
+ 歓迎会を	+ the reception?

3. パーティーで彼に会った？ **Did you meet him at the party?**

あなたは会いましたか	Did you meet
+ 彼に	+ him
+ パーティーで	+ at the party?

4. パソコンのスイッチを切ったかい？ **Did you turn off the PC?**

あなたはスイッチを切りましたか	Did you turn off
+ パソコンの	+ the PC?

ミニ会話 MINI CONVERSATION

A: Did you catch the last train?
終電に間に合ったの？
B: No, I missed it by three minutes.
いや、3分違いで乗り遅れたよ。
A: How did you get home?
どうやって家に帰ったの？

UNIT 22

I 動詞～
私は横浜に住んでいます

I	+	動詞	+	前置詞 + 名詞	+	修飾語句

私は	住む	横浜に	
	live +	**in Yokohama.**	
	リヴ	イニョコハマ	
	車を運転する	職場へ	
	drive +	**to work.**	
I +	ドゥライヴ	トゥ ワーク	
	働く	出版社のために	
	work +	**for a publishing company.**	
	ワーク	フォァラ パブリシンカムパニ	
	到着した	ホテルに	9時30分に
	arrived +	**at the hotel** +	**at 9:30.**
アイ	アライヴド	アット ザ ホウテォ	アット ナイン サーティ

ポイント POINT

「～に住んでいる」などの意味を表すには・・・

例えば「学校へ行く」は go to school と言います。この to は「～へ」の意味を表します。このような語を「前置詞」と言います。in（～の中に）を使えば、live in Tokyo（東京に住む）のような意味が表せます。

文構築ドリル LISTENING & SPEAKING

1. 私は横浜に住んでいます。　**I live in Yokohama.**

| 私は住む | I live |
| + 横浜に | + in Yokohama. |

2. 私は車で通勤しています。　**I drive to work.**

| 私は車を運転する | I drive |
| + 職場へ | + to work. |

3. 私は出版社に勤めています。　**I work for a publishing company.**

| 私は働く | I work |
| + 出版社のために | + for a publishing company. |

4. 私は9時30分にホテルに着きました。　**I arrived at the hotel at 9:30.**

私は到着した	I arrived
+ ホテルに	+ at the hotel
+ 9時30分に	+ at 9:30.

ミニ会話 MINI CONVERSATION

A: I work for a publishing company.
私は出版社に勤めています。

B: How many vacation days do you get a year?
年間何日くらい有給休暇があるのですか？

A: One month on average.
平均して1か月ですね。

UNIT 23

He/She 動詞～
彼女はプロのように歌う

He/She	+	動詞	+	副詞（句）	+	修飾語句
彼は／彼女は		歌う		プロのように		
		sings	+	**like a pro.**		
		スィングズ		ライカ プロゥ		
		来た		10分遅れて		
		came	+	**10 minutes late.**		
		ケイム		テン ミニッツ レイト		
He/She	+	働く		パートとして		スーパーで
		works	+	**part-time**	+	**at a super-market.**
		ワークス		パァタイム		アット ア スーパマァキット
		いた		家に		一日中
		stayed	+	**home**	+	**all day.**
ヒー／シー		ステイド		ホウム		オーォ デイ

ポイント POINT

「～する」の意味を詳しく説明するときに・・・

例えば He sings.（彼は歌を歌う）の後ろに well（上手に）をつけると、「彼は上手に歌を歌う」となります。この well のような語が「副詞」です。well の代わりに like a pro（プロのように）という「副詞句」を使うこともできます。

68

文構築ドリル LISTENING & SPEAKING

1. 彼女はプロのように歌う。　She sings like a pro.

| 彼女は歌う | She sings |
| + プロのように | + like a pro. |

2. 彼は10分遅れて来た。　He came 10 minutes late.

| 彼は来た | He came |
| + 10分遅れて | + 10 minutes late. |

3. 彼女はスーパーでパートをしている。　She works part-time at a supermarket.

彼女は働く	She works
+ パートとして	+ part-time
+ スーパーで	+ at a supermarket.

4. 彼は一日中家にいた。　He stayed home all day.

彼はいた	He stayed
+ 家に	+ home
+ 一日中	+ all day.

ミニ会話 MINI CONVERSATION

A: When did Takeshi arrive?
タケシはいつ着いたの？
B: He came 10 minutes late.
10分遅れて来たよ。
A: He seldom shows up on time, does he?
彼が時間通りに現れることはめったにないわね。

UNIT 24

He/She is/was 〜
彼は会議室にいます

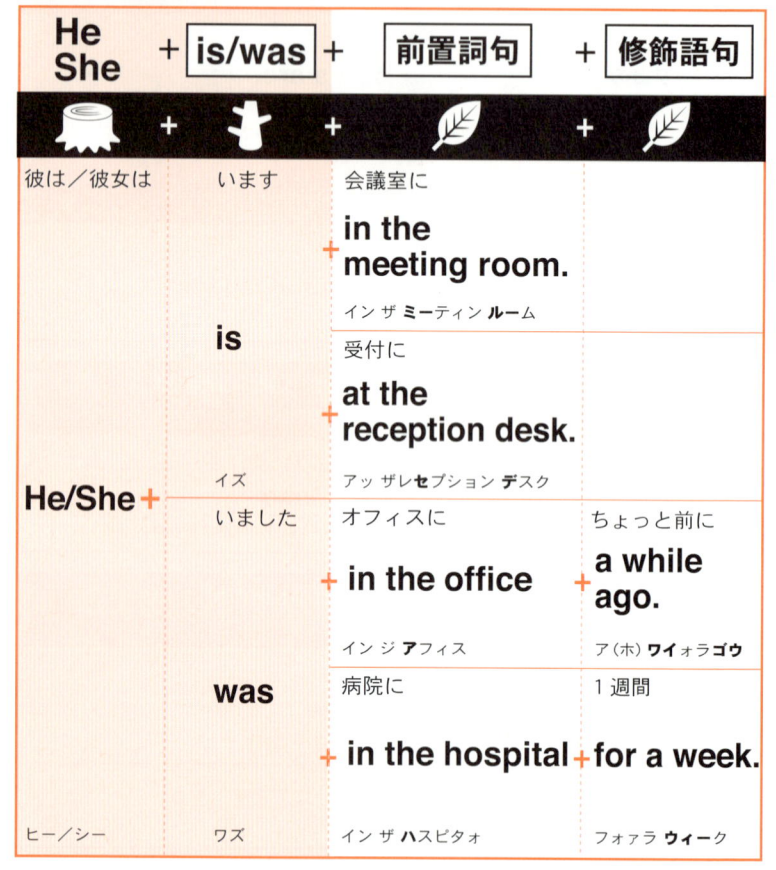

He / She	+	is/was	+	前置詞句	+	修飾語句

彼は／彼女は		います	会議室に **+ in the meeting room.** イン ザ ミーティン ルーム	
	is		受付に **+ at the reception desk.** アッ ザ レセプション デスク	
He/She +	イズ			
		いました	オフィスに **+ in the office** イン ジ アフィス	ちょっと前に **+ a while ago.** ア(ホ)ワイォラゴウ
	was		病院に **+ in the hospital** イン ザ ハスピタォ	1週間 **+ for a week.** フォァラ ウィーク
ヒー／シー	ワズ			

ポイント POINT

「(人が) 〜にいる」という意味を表すには・・・
He/She is の後ろに「場所を表す前置詞句」を置いて、「彼／彼女は〜にいる」という意味を表すことができます。in（〜の中に）や at（〜に）を使うのが基本です。

文構築ドリル LISTENING & SPEAKING

1. 彼は会議室にいます。　　He is in the meeting room.

| 彼はいます | He is |
| + 会議室に | + in the meeting room. |

2. 彼女は受付にいます。　　She is at the reception desk.

| 彼女はいます | She is |
| + 受付に | + at the reception desk. |

3. 彼はちょっと前にオフィスにいました。　　He was in the office a while ago.

彼はいました	He was
+ オフィスに	+ in the office
+ ちょっと前に	+ a while ago. ・while しばらく

4. 彼女は1週間入院していました。　　She was in the hospital for a week.

彼女はいました	She was
+ 病院に	+ in the hospital
+ 1週間	+ for a week.

ミニ会話 MINI CONVERSATION

A: Where's Tanaka? His client is waiting at the reception desk.
田中くんはどこ？　お得意様が受付でお待ちなのよ。

B: He is in the meeting room.
彼は会議室にいます。

A: Call him to come right now.
すぐ来るよう電話してよ。

UNIT 25 You look ～
今日は顔色が悪いようだよ

You look +	形容詞	+	修飾語句

あなたは～の ように見える	顔色が悪い	今日は
	pale	+ **today.**
	ペイォ	トゥデイ
	すてきな	そのドレスを着ると
	nice	+ **in the dress.**
You look +	ナイス	イン ザ ドゥレス
	若い	あなたの年にしては
	young	+ **for your age.**
	ヤング	フォリュア エイジ
	疲れ切っている	あなたの仕事で
	exhausted	+ **from your work.**
ユー ルック	イグゾースティッド	フラム ヨ ワーク

ポイント POINT

相手の様子を伝えるときに・・・

You look sick. What's wrong?（具合が悪そうだよ。どこが悪いの？）のように、相手の外見が「～のように見える」という場合に使う表現。「彼はうれしそうだ」なら He looks happy. と言えます。

文構築ドリル LISTENING & SPEAKING

1. 今日は顔色が悪いようだよ。 **You look pale today.**

あなたは顔色が悪く見える	You look pale
＋ 今日は	＋ today.

・pale 青ざめた

2. そのドレスは君に似合うよ。 **You look nice in the dress.**

あなたはすてきに見える	You look nice
＋ そのドレスを着ると	＋ in the dress.

3. お若いですね。 **You look young for your age.**

あなたは若く見える	You look young
＋ あなたの年にしては	＋ for your age.

4. 君は仕事で疲れ切っているようだ。 **You look exhausted from your work.**

あなたは疲れ切って見える	You look exhausted
＋ あなたの仕事で	＋ from your work.

ミニ会話 MINI CONVERSATION

A: You look pale.
顔色が悪いわよ。
B: I've had a slight fever since this morning.
朝から微熱があるんだ。
A: You should see a doctor.
医者に診てもらった方がいいわよ。

UNIT 26　I got ～
バスの中で気分が悪くなった

I got	+	形容詞	+	修飾語句	+	修飾語句
私は～になった		気分が悪い		バスの中で		
		sick	+	**in the bus.**		
		スィック		イン ザ バス		
		眠い		運転した後で		何時間も
I got	+	**sleepy**	+	**after driving**	+	**for hours.**
		スリーピ		エァフタ ドゥライヴィン		フォ ラゥアズ
		道に迷った		人ごみの中で		
		lost	+	**in the crowd.**		
		ロスト		イン ザ クラウド		
		腹を立てて		私自身に		
		angry	+	**at myself.**		
アイ ガット		エァングリ		アット マイセォフ		

ポイント POINT

「～になる」という意味を表すときに・・・

get の後ろに形容詞を置いて、「～になる」という意味を表すことができます。例えば「私は疲れていた」は I was tired.、「私は疲れた」は I got tired.（または I became tired.）です。

文構築ドリル LISTENING & SPEAKING

1. バスの中で気分が悪くなった。 | **I got sick in the bus.**

私は気分が悪くなった | I got sick
 + バスの中で | + in the bus.

2. 何時間も運転して眠くなったよ。 | **I got sleepy after driving for hours.**

私は眠くなった | I got sleepy
 + 運転した後で | + after driving
  + 何時間も | + for hours.

3. 人ごみの中で道に迷った。 | **I got lost in the crowd.**

私は道に迷った | I got lost
 + 人ごみの中で | + in the crowd.

4. 自分に腹が立った。 | **I got angry at myself.**

私は腹が立った | I got angry
 + 私自身に | + at myself.

ミニ会話 MINI CONVERSATION

A: I got tired after driving for hours.
何時間も運転して疲れたわ。
B: Let's take a rest somewhere.
どこかで休憩しよう。
A: Show me the road map.
道路地図を見せて。

UNIT 27　Aren't you ～?
まだ終わらないの？

| Aren't you + | 形容詞 | + | 修飾語句 | ? |

あなたは〜ではないですか	終わっている **finished** フィニッシド	まだ **yet?** イェット
Aren't you +	退屈している **bored** ボァド	この授業に **with this class?** ウィズ ディス クレァス
	飽きている **tired** タイアド	彼のスピーチに **of his speech?** アヴ ヒズ スピーチ
	楽しみにする **excited** エクサイテッド	ハワイ旅行が **about your trip to Hawaii?** アバゥ チョー トリップ タハワイ

アーンチュー

ポイント POINT

相手に念を押して確認したいときに・・・

答え方に注意。Aren't you tired?（疲れてはいないよね？）に対して Yes, I am. なら「いいや、疲れているんだ」、No, I'm not. なら「うん、疲れていないよ」となります。 No, I am. とか Yes, I'm not. と言わないように。

文構築ドリル LISTENING & SPEAKING

1. まだ終わらないの？　　　　Aren't you finished yet?

あなたは終わらないですか　Aren't you finished
  + まだ　　　　　　　　　　　+ yet?

2. この授業に退屈してない？　Aren't you bored with this class?

あなたは退屈してないですか　Aren't you bored
  + この授業に　　　　　　　　+ with this class?

3. 彼のスピーチには飽き飽きしない？　Aren't you tired of his speech?

あなたは飽きてないですか　Aren't you tired
  + 彼のスピーチに　　　　　+ of his speech?

4. ハワイ旅行、楽しみね。　Aren't you excited about your trip to Hawaii?

あなたは楽しみではないですか　Aren't you excited
  + ハワイ旅行が　　　　　　　　+ about your trip to Hawaii?

ミニ会話 MINI CONVERSATION

A: Aren't you finished yet?
まだ終わらないの？
B: No, I'm not. Why?
まだだよ。どうして？
A: We need to turn in the report by five.
レポートを5時までに提出しなくちゃ。

UNIT 28

I'm 動詞 [ing] 〜
地下鉄の駅を探しています

I'm	+	動詞 [ing]	+	名詞	+	修飾語句

私は〜している	探している	地下鉄の駅を	
	looking for	**a subway station.**	
	ルッキン フォァ	ア **サ**ブウェイ **ステイ**シャン	
	待っている	列車を	熱海行きの
I'm +	**waiting for** +	**a train** +	**bound for Atami.**
	ウェイティン フォァ	ア トゥ**レ**イン	**バ**ウンド フォラ**タ**ミ
	心配している	私の将来を	
	worrying about +	**my future.**	
	ワリインナバウト	マイ **フュー**チャ	
	書いている	報告書を	会議の
	writing +	**a report** +	**on the conference.**
アイム	**ラ**イティング	ア リ**ポ**ァト	オン ザ **カ**ンファランス

ポイント POINT

「（今）〜しているところだ」の意味を表すときに・・・

「私は〜しているところだ」の意味を表すには、I'm + 〜 ing の形を使います。「あなた／彼は〜している」なら、You are/He is 〜 ing となります。

文構築ドリル LISTENING & SPEAKING

1. 地下鉄の駅を探しています。 **I'm looking for a subway station.**

私は探している	I'm looking for
＋ 地下鉄の駅を	＋ a subway station.

2. 熱海行きの列車を待っているところです。 **I'm waiting for a train bound for Atami.**

私は待っている	I'm waiting for
＋ 列車を	＋ a train
＋ 熱海行きの	＋ bound for Atami.

3. ぼくは自分の将来が心配だ。 **I'm worrying about my future.**

私は心配している	I'm worrying about
＋ 私の将来を	＋ my future.

4. 会議の報告書を作成しているところです。 **I'm writing a report on the conference.**

私は書いている	I'm writing
＋ 報告書を	＋ a report
＋ 会議の	＋ on the conference.

ミニ会話 MINI CONVERSATION

A: I'm looking for a subway station.
地下鉄の駅を探しているんですが。
B: There's one at the back of that building.
あのビルの裏にありますよ。
A: Thank you.
ありがとう。

UNIT 29

Are you 動詞 [ing] ～ ?
このパソコンを使ってるの？

Are you +	動詞 [ing]	+	名詞 ?

あなたは～して いますか	使っている	このパソコンを
	using ユーズィン	+ **this computer?** ディス カム**ピュー**タ
Are you +	料理している	何かを
	cooking **ク**ッキン	+ **something?** **サ**ムシン
	プレイしている	テレビゲームを
	playing プ**レ**イン	+ **a video game?** ア **ヴィ**デオウ **ゲ**イム
	補修している	あなたの書斎を
	renovating **リ**ノベイティング	+ **your study?** ヨー ス**タ**ディ
アーリュー		

ポイント POINT

相手が今していることを尋ねるときに・・・

Do you cook? は「君は料理を（習慣的に）するの？」。対して、Are you cooking? は「君は今料理をしているところなの？」の意味を表します。答えるときは、Yes, I am. または No, I'm not. を使います。

80

文構築ドリル LISTENING & SPEAKING

1. このパソコンを使ってるの？ Are you using this computer?

あなたは使っていますか　　Are you using
　+ このパソコンを　　　　+ this computer?

2. 何か料理を作ってるの？ Are you cooking something?

あなたは料理していますか　Are you cooking
　+ 何かを　　　　　　　　+ something?

3. テレビゲームをしてるの？ Are you playing a video game?

あなたはしていますか　　　Are you playing
　+ テレビゲームを　　　　+ a video game?

4. 書斎を補修しているのですか？ Are you renovating your study?

あなたは補修していますか　Are you renovating
　+ 書斎を　　　　　　　　+ your study?

ミニ会話 MINI CONVERSATION

A: Are you cooking something?
何か料理を作ってるの？
B: Yes. I'm making vegetable soup.
うん。野菜スープを作ってるよ。
A: Let me taste it.
味見させてよ。

UNIT 30 Who ～ ?
だれが最後に退社したの？

Who	+ 動詞[過去]	+ 名詞	+ 修飾語句 ?
だれが	去った	事務所を	最後に
	left	**the office**	**last?**
	レフト	ジ ア フィス	ラスト
Who +	司会を務めた	総会の	
	chaired	**the general meeting?**	
	チェアド	ザ ヂェネラォ ミーティング	
	上書きした	このファイルに	
	overwrote	**this file?**	
	オウヴァロウト	ジス ファイォ	
	カギをかけた	更衣室に	
	locked	**the locker room?**	
フー	ラックト	ザ ロッカー ルーム	

ポイント POINT

「だれが〜」と尋ねるときに・・・

「だれが〜しますか」は、Who の後ろに動詞を置いて表します。例えば「誰がここへ来ましたか」は Who came here?　これに対して「田中さんです」と答えるには、Mr. Tanaka did. と言います（did=came here）。

82

文構築ドリル LISTENING & SPEAKING

1. だれが最後に退社したの？ Who left the office last?

だれが去りましたか	Who left
＋ 事務所を	＋ the office
＋ 最後に	＋ last?

・leave 出る

2. だれが総会の司会をしたの？ Who chaired the general meeting?

だれが司会を務めましたか	Who chaired
＋ 総会の	＋ the general meeting?

3. だれがこのファイルに上書きしたの？ Who overwrote this file?

だれが上書きしましたか	Who overwrote
＋ このファイルに	＋ this file?

4. 誰が更衣室のカギをかけたの？ Who locked the locker room?

だれがカギをかけましたか	Who locked
＋ 更衣室に	＋ the locker room?

ミニ会話 MINI CONVERSATION

A: Who left the office last yesterday?
きのうだれが最後に退社したの？
B: Maybe Mr. Imai did.
たぶん今井さんだと思いますが。
A: The lights were left on.
明かりがつけっ放しだったわ。

UNIT 31

Whose ～?
だれの小説がお薦め？

Whose +	名詞	+ do/did you 動詞［原形］	+ 修飾語句 ?

	だれの	小説を	あなたは薦めますか	
		novels +	**do you recommend?**	
		ナヴェォズ	ドゥ ユー リコ**メン**ド	
		歌を	あなたは歌いますか	カラオケで
Whose +		**songs** +	**do you sing** +	**at a Karaoke bar?**
		ソングズ	ドゥ ユー ス**ィン**グ	アッ カラ**オ**ケバー
		傘を	あなたは持ってきましたか	
		umbrella +	**did you bring?**	
		アムブ**レ**ラ	ディッヂュー ブ**リン**	
		車を	あなたは借りましたか	
		car +	**did you borrow?**	
	フーズ	**カァ**	ディッヂュー バロウ	

ポイント POINT

「だれの〜」と尋ねるときに・・・
例えば「だれの車」は whose car。Whose car is this?（これはだれの車ですか）
のような尋ね方もできます。これに対して「私のです」と答えるには、It's my car.（または It's mine.）と言います。

文構築ドリル LISTENING & SPEAKING

1. だれの小説がお薦め? **Whose novels do you recommend?**

| だれの小説を | Whose novels |
| + あなたは薦めますか | + do you recommend? |

2. カラオケでだれの歌を歌うの? **Whose songs do you sing at a Karaoke bar?**

だれの歌を	Whose songs
+ あなたは歌いますか	+ do you sing
+ カラオケで	+ at a Karaoke bar?

3. だれの傘を持ってきたの? **Whose umbrella did you bring?**

| だれの傘を | Whose umbrella |
| + あなたは持ってきましたか | + did you bring? |

4. だれの車を借りたの? **Whose car did you borrow?**

| だれの車を | Whose car |
| + あなたは借りましたか | + did you borrow? |

ミニ会話 MINI CONVERSATION

A: Whose novels do you like?
だれの小説が好きなの?

B: I like Haruki Murakami's best.
村上春樹の作品が一番好きよ。

A: Which one is your favorite?
彼の小説の中で君のお気に入りはどれだい?

UNIT 32

What ～ ?
ご両親に何を送ったの？

| What | + | did you 動詞 [原形] | + | 修飾語句 | ? |

What	何を	あなたは送りましたか **did you send** ディッヂュー センド	あなたの両親に + **to your parents?** トゥ ヨア ペアレンツ
		あなたは植えましたか **did you plant** ディッヂュー プラント	あなたの庭に + **in your garden?** イ ニョア ガーデン
		あなたは試乗しましたか **did you test-drive** ディッヂュー テストドライブ	先週の日曜日に + **last Sunday?** ラスト サンデイ
	(ホ)ワット	あなたは持っていきましたか **did you take** ディッヂュー テイク	持ち寄りランチに + **to a potluck luncheon?** トゥア パトラック ランチャン

ポイント POINT

「何を～」と尋ねるときに・・・

What do you do? は「あなたの仕事／職業は何ですか」、What are you doing? は「あなたは（今）何をしていますか」の意味。 それぞれ、I'm an engineer.（私は技師です）、I'm watching TV.（テレビを見ています）のように答えます。

86

文構築ドリル LISTENING & SPEAKING

1. ご両親に何を送ったの？ | **What did you send to your parents?**

あなたは何を送りましたか | What did you send
+ あなたの両親に | + to your parents?

2. 庭に何を植えましたか？ | **What did you plant in your garden?**

あなたは何を植えましたか | What did you plant
+ あなたの庭に | + in your garden?

3. 先週の日曜日は何を試乗したの？ | **What did you test-drive last Sunday?**

あなたは何を試乗しましたか | What did you test-drive
+ 先週の日曜日に | + last Sunday?

4. 持ち寄りランチに何を持っていったの？ | **What did you take to a potluck luncheon?**

あなたは何を持っていきましたか | What did you take
+ 持ち寄りランチに | + to a potluck luncheon?

・potluck luncheon 料理を持ち寄ってシェアするランチ

ミニ会話 MINI CONVERSATION

A: What did you do last Sunday?
先週の日曜日には何をしたの？
B: I went fishing with my friends.
友だちと釣りに行ったよ。
A: Did you catch many fish?
たくさん釣れた？

UNIT 33

What 名詞～ ?
ふだんは何時に起きるの？

What +	名詞	+ do/did you 動詞[原形] ?
どんな	時間に	あなたはふだん起きますか
	time	+ **do you usually get up?**
	タイム	ドゥ ユー ユーヂュアリ ゲラップ
	話題を	あなたは話しますか
	subject	+ **do you talk about?**
What +	サブヂクト	ドゥユー トーカバウト
	色に	あなたは壁を塗りましたか
	color	+ **did you paint the wall?**
	カラ	ディッヂュー ペイント ザ ウォーォ
	言葉を	あなたは学びましたか
	language	+ **did you study?**
(ホ)ワット	レァングウィジ	ディッヂュー スタディ

ポイント POINT

「どんな～を」と尋ねるときに・・・

「(あるジャンルの中の)どれを…」と尋ねるときには、what の後ろにジャンルの名詞を置きます。例えば「どんな食べ物が好きですか」は What food do you like? と表現できます。

文構築ドリル LISTENING & SPEAKING

1. ふだんは何時に起きるの？　**What time do you usually get up?**

どんな時間に	What time
＋ あなたはふだん起きますか	＋ do you usually get up?

2. どんな話題を話すの？　**What subject do you talk about?**

どんな話題を	What subject
＋ あなたは話しますか	＋ do you talk about?

3. 壁を何色に塗ったの？　**What color did you paint the wall?**

どんな色に	What color
＋ あなたは壁を塗りましたか	＋ did you paint the wall?

4. 何語を勉強したのですか？　**What language did you study?**

どんな言葉を	What language
＋ あなたは学びましたか	＋ did you study?

ミニ会話 MINI CONVERSATION

A: What time do you usually get up?
ふだんは何時に起きるの？

B: Between six and six ten.
6時から6時10分の間よ。

A: You're an early bird, aren't you?
早起きだね。

UNIT 34

What kind of 〜 ?
どんなメニューを考えていますか？

What kind of +	名詞	+	do you 動詞[原形] ?

どんな種類の	メニューを		あなたは考えますか
What kind of +	**menus** +		**do you plan?**
	メニューズ		ドゥ ユー **プラン**
	音楽を		あなたは作曲しますか
	music +		**do you compose?**
	ミューズィック		ドゥ ユー カン**ポウズ**
	家に		あなたは住みたいですか
	house +		**do you want to live in?**
	ハウス		ドゥ ユー **ウォン** トゥ **リヴ** イン
	サービスを		あなた方は提供しますか
	service +		**do you provide?**
(ホ) **ワット カインダヴ**	**サーヴィス**		ドゥ ユー プラ**ヴァイド**

ポイント POINT

「どんな種類の〜」と尋ねるときに・・・

kind は「種類」。sort とも言います。例えば What kind/sort of music do you like?（どんな種類の音楽が好きですか）という問いには、I like classical music.（クラシックが好きです）のように答えます。

90

文構築ドリル LISTENING & SPEAKING

1. どんなメニューを考えて いますか？ | **What kind of menus do you plan?**

| どんな種類のメニューを | What kind of menus |
| + あなたは考えますか | + do you plan? |

・plan　計画する

2. どんな種類の音楽を作曲 するの？ | **What kind of music do you compose?**

| どんな種類の音楽を | What kind of music |
| + あなたは作曲しますか | + do you compose? |

3. どんな種類の家に住みたい ですか？ | **What kind of house do you want to live in?**

| どんな種類の家に | What kind of house |
| + あなたは住みたいですか | + do you want to live in? |

4. どんな種類のサービスが ありますか？ | **What kind of service do you provide?**

| どんな種類のサービスを | What kind of service |
| + あなた方は提供しますか | + do you provide? |

ミニ会話 MINI CONVERSATION

A: What kind of food do you like?
どんな種類の食べ物が好き？
B: Anything is OK except raw fish.
生魚以外なら何でもかまわないわ。
A: Then, let's go to an Italian restaurant.
じゃあ、イタリア料理店へ行こう。

UNIT 35

Which ～ ?
どの会社の面接試験に行くの？

Which	+	名詞	+	do you 動詞 [原形]	+	修飾語句	?

	どちらの	会社と	あなたは持ちますか	面接試験を
Which+	**company** + カンパニー		**do you have** ドゥ ユー ハァブ	**a job interview with?** ア チャブ インタビュー ウィズ
		映画を **movie** ムーヴィ	あなたは見たいですか **do you want to see?** ドゥ ユー ウォント トゥ スィー	
		計画に **plan** プレァン	あなたは賛成しますか **do you agree with?** ドゥ ユー アグリー ウィズ	
		パソコンを **computer**+ カムピュータ	あなたはふだん使いますか **do you usually work on?** ドゥ ユー ユージュアリー ワーコン	
(ホ) ウィッチ				

ポイント POINT

2つ以上のもののうち1つを選ぶときに・・・

例えば2本以上の映画のうち1本を選ぶときは、which movie（どちらの［どの］映画）を使って尋ねます。Which book is cheaper?（どちらの本の方が安いですか）のような尋ね方もできます。

文構築ドリル LISTENING & SPEAKING

1. どの会社の面接試験に行くの？ / Which company do you have a job interview with?

どちらの会社と / Which company
+ あなたは持ちますか / + do you have
+ 面接試験を / + a job interview with?

2. どの映画を見たいですか？ / Which movie do you want to see?

どちらの映画を / Which movie
+ あなたは見たいですか / + do you want to see?

3. どちらの計画に賛成しますか？ / Which plan do you agree with?

どちらの計画に / Which plan
+ あなたは賛成しますか / + do you agree with?

4. ふだんどちらのパソコンを使いますか？ / Which computer do you usually work on?

どちらのパソコンを / Which computer
+ あなたはふだん使いますか / + do you usually work on?

ミニ会話 MINI CONVERSATION

A: Which movie do you want to see?
どの映画を見たい？

B: I prefer a romance. How about you?
ロマンス映画がいいわ。あなたはどう？

A: I'd like to see a suspense.
ぼくはサスペンスがいいな。

UNIT 36　When ～ ?
いつこの町へ引っ越してきたの？

When	+	did/will you	+	動詞[原形]	+	修飾語句	?

いつ	あなたは〜しましたか	この町に引っ越す **move to this town?**	
When	**did you**	彼女を紹介する **introduce her**	あなたの両親に **to your parents?**
	あなたは〜するつもりですか	日本を発つ **leave Japan?**	
	will you	歓迎会を開く **have a welcome party**	彼のために **for him?**

(ホ)ウェン　　ウィリュー　　ムーヴ トゥ ディス タウン／イントロデュース ハー／リーヴ ジャペァン／ヘァヴァ ウェォカム パァティ　　トゥ ユア ペアレンツ／フォァリム

ポイント POINT

「いつ〜」と尋ねるときに・・・

「いつ」は when を使って尋ねます。When do you study?（あなたはいつ勉強しますか）、When is your birthday?（あなたの誕生日はいつですか）のような言い方もできます。

文構築ドリル LISTENING & SPEAKING

1. いつこの町へ引っ越してきたの？　　When did you move to this town?

いつあなたは〜しましたか　When did you
+ この町に引っ越す　　+ move to this town?

2. いつ彼女を両親に紹介した？　　When did you introduce her to your parents?

いつあなたは〜しましたか　When did you
+ 彼女を紹介する　　+ introduce her
　+ あなたの両親に　　　+ to your parents?

3. いつ日本を出発しますか？　When did you leave Japan?

いつあなたは〜するつもりですか　When will you
+ 日本を発つ　　+ leave Japan?

4. 彼の歓迎会はいつ開くつもりですか？　When will you have a welcome party for him?

いつあなたは〜するつもりですか　When will you
+ 歓迎会を開く　　+ have a welcome party
　+ 彼のために　　　+ for him?

ミニ会話 MINI CONVERSATION

A: When will you leave Japan?
いつ日本を出発しますか？
B: I'm leaving next Monday.
来週の月曜日に発つ予定です。
A: I'll see you off at the airport.
空港へお見送りに行きますよ。

UNIT 37

Where ～ ?
どこでチャリティーコンサートを催しますか？

Where	+	do/did you	+	動詞[原形] ?

どこで	あなたは〜しますか	チャリティーコンサートを催す
	do you	**+ hold a charity concert?**
		ホウルダ チャリティ カンサト
		働く
Where +		**+ work?**
	ドゥ ユー	ワーク
	あなたは〜しましたか	このビデオを借りる
		+ rent this video?
	did you	レント ディス ヴィディオウ
		あなたのパスポートをなくす
		+ lose your passport?
(ホ)ウェア	ディッチュー	ルーズ ヨー ペァスポァト

ポイント POINT

場所を尋ねるときに・・・

Where are you from?(どちらのご出身ですか)、Where did you find this key?(このカギをどこで見つけたの)、Where can I park my car？（車をどこに駐車すればいいですか）など、場所を尋ねるときは Where で文を始めます。

文構築ドリル LISTENING & SPEAKING

1. どこでチャリティーコンサートを催しますか? Where do you hold a charity concert?

どこであなたは〜しますか	Where do you
+ チャリティーコンサートを催す	+ hold a charity concert?

2. どちらにお勤めですか? Where do you work?

どこであなたは〜しますか	Where do you
+ 働く	+ work?

3. このビデオ、どこで借りたの? Where did you rent this video?

どこであなたは〜しましたか	Where did you
+ このビデオを借りる	+ rent this video?

4. パスポートをどこでなくしたの? Where did you lose your passport?

どこであなたは〜しましたか	Where did you
+ あなたのパスポートをなくす	+ lose your passport?

ミニ会話 MINI CONVERSATION

A: Where did you lose your passport?
パスポートをどこでなくしたの?

B: I might have left it at the hotel.
ホテルに置き忘れたかもしれない。

A: You should call the hotel right now.
すぐにホテルに電話した方がいいよ。

UNIT 38

How ～ ?
博物館へはどうすれば行けますか？

How	+	can I/ did you	+	動詞 [原形] ?

どうやって	私は〜できますか	博物館に着く
		+get to the museum?
		ゲットゥ ザ ミューズィーアム
	can I	ブログに投稿する
		+post a blog?
How +	キャナイ	ポウスタ ブログ
	あなたは〜しましたか	通勤する
		+commute to work?
	did you	カミュートゥ ワーク
		あなたの上司を説得する
		+persuade your boss?
ハウ	ディッチュー	パスウェイチュア ボス

ポイント POINT

方法を尋ねるときに・・・

How can I get to ～?（〜へはどうやったら行けますか）は、道を尋ねるときによく使う表現。これに対しては、例えば You can get there by bus.（そこへはバスで行けます）のように答えます。

文構築ドリル LISTENING & SPEAKING

1. 博物館へはどうすれば行けますか？ — How can I get to the museum?

どうやって私は〜できますか	How can I
+ 博物館に着く	+ get to the museum?

2. どうすればブログに投稿できるの？ — How can I post a blog?

どうやって私は〜できますか	How can I
+ ブログに投稿する	+ post a blog?

3. どうやって通勤していましたか？ — How did you commute to work?

どうやってあなたは〜しましたか	How did you
+ 通勤する	+ commute to work?

4. どうやって上司を説得したんだい？ — How did you persuade your boss?

どうやってあなたは〜しましたか	How did you
+ あなたの上司を説得する	+ persuade your boss?

ミニ会話 MINI CONVERSATION

A: How can I get to the museum?
博物館へはどうすれば行けますか？

B: Shuttle buses run every ten minutes.
シャトルバスが10分おきに出ています。

A: Thank you. Where's the bus stop?
ありがとう。バス停はどこですか？

UNIT 39

How is/was ～ ?
旅行はどうだった？

How	+	is/was	+	名詞	+	修飾語句	?

どんな	でしたか	あなたの旅行は	
	was	**your trip?** ユア トゥ**リ**ップ	
How		営業会議は **the sales meeting?** ザ **セ**ィォズ **ミ**ーティン	
	ですか	天気は **the weather** ザ **ウェ**ザ	札幌の **in Sapporo?** イン サッ**ポ**ロ
	is	あなたの新しい生活は **your new life** ユア **ニュー ライ**フ	ロンドンでの **in London?** イン **ラ**ンダン
ハウ	**イズ**		

ポイント POINT

「どのような～」と尋ねるときに・・・

「どんな様子／具合ですか」と尋ねるときに使う言葉は how。How are you? なら「あなたはどんな具合ですか」→「ごきげんいかがですか」の意味になります。相手の体調や天候なども、how で尋ねることができます。

文構築ドリル LISTENING & SPEAKING

1. 旅行はどうだった？　　**How was your trip?**

| どうでしたか | How was |
| + あなたの旅行は | + your trip? |

2. 営業会議はどうだった？　　**How was the sales meeting?**

| どうでしたか | How was |
| + 営業会議は | + the sales meeting? |

3. 札幌の天気はいかがですか？　　**How is the weather in Sapporo?**

どうですか	How is
+ 天気は	+ the weather
+ 札幌の	+ in Sapporo?

4. ロンドンでの新しい生活はいかがですか？　　**How is your new life in London?**

どうですか	How is
+ あなたの新しい生活は	+ your new life
+ ロンドンでの	+ in London?

ミニ会話 MINI CONVERSATION

A: How was your trip?
旅行はどうだった？
B: I enjoyed it very much.
とても楽しかったわ。
A: Where did you go in Kyushu?
九州のどこへ行ったの？

UNIT 40

How 形容詞～？
お兄さんの身長はどのくらいですか？

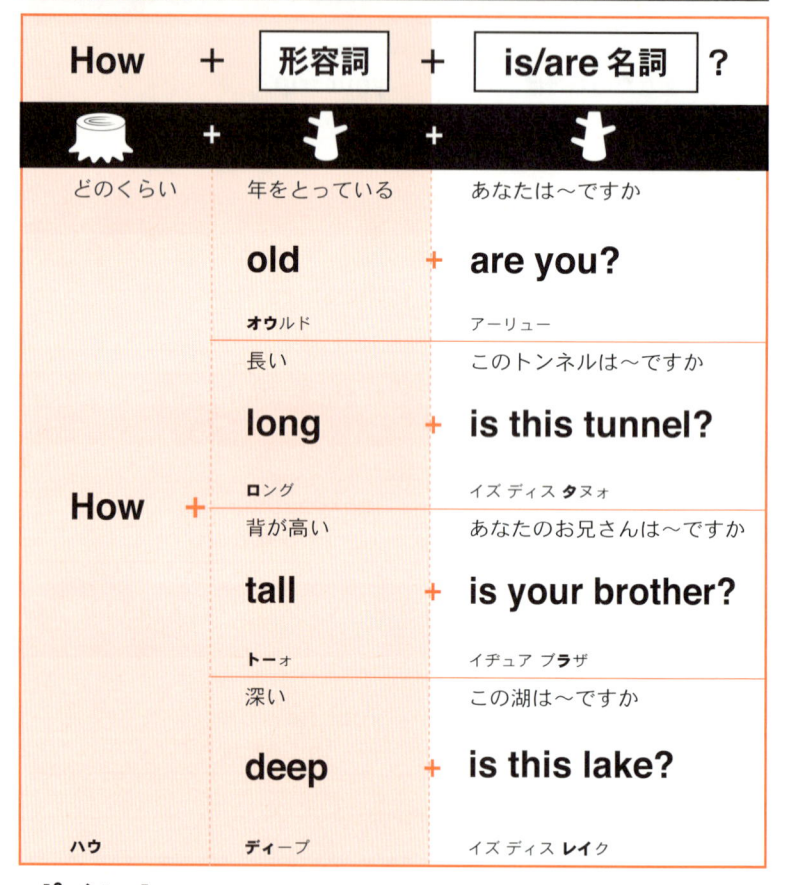

How	+	形容詞	+	is/are 名詞	?

	どのくらい	年をとっている	あなたは～ですか
		old +	**are you?**
		オウルド	アーリュー
		長い	このトンネルは～ですか
How +		**long** +	**is this tunnel?**
		ロング	イズ ディス **タ**ヌォ
		背が高い	あなたのお兄さんは～ですか
		tall +	**is your brother?**
		ト—ォ	イヂュア ブ**ラ**ザ
		深い	この湖は～ですか
		deep +	**is this lake?**
ハウ		ディープ	イズ ディス **レ**イク

ポイント POINT

「どの程度～ですか」と尋ねるときに・・・

答え方に注意。例えば How old are you? には I'm twenty-three (years old).（私は 23 歳です）、How tall is he? には He's six feet (tall).（彼は 6 フィートです）のように数字で答えます。

文構築ドリル LISTENING & SPEAKING

1. おいくつですか？ **How old are you?**

どのくらい年をとっている	How old
+ あなたは〜ですか	+ are you?

2. このトンネルは どのくらいの長さですか？ **How long is this tunnel?**

どのくらい長い	How long
+ このトンネルは〜ですか	+ is this tunnel?

3. お兄さんの身長は どのくらいですか？ **How tall is your brother?**

どのくらい背が高い	How tall
+ あなたのお兄さんは〜ですか	+ is your brother?

4. この湖の深さは どのくらいですか？ **How deep is this lake?**

どのくらい深い	How deep
+ この湖は〜ですか	+ is this lake?

ミニ会話 MINI CONVERSATION

A: How old are you?
おいくつ？
B: I'm thirty-two.
32歳よ。
A: You're two years older than me.
僕より2歳年上だね。

UNIT 41 How much ～ ?
このデジカメはいくらですか？

How much + | is/was | + | 名詞 | ?

いくら	ですか	このデジカメは
	is	**this digital camera?**
		ディス **ディヂタォ キャ**メラ
		この電子辞書は
How much		**this electronic dictionary?**
	イズ	ディス イ**レ**クトゥ**ラ**ニク **ディ**クシャネリ
	でしたか	その薄型テレビは
	was	**the flat-panel TV?**
		ザ フ**ラ**ット **パ**ネォ **ティ**ーヴィー
		その貸衣装は
		the rental dress?
ハウ マッチ	**ワ**ズ	ザ **レ**ンタォ ドゥ**レ**ス

ポイント POINT

物の値段を尋ねるときに・・・
「～の値段はいくらですか」と尋ねるときは、How much is ～？と言います。How much did you pay for this?（これにいくら払いましたか）、How much did it cost?（それにはいくら費用がかかりましたか）などの言い方もあります。

104

文構築ドリル LISTENING & SPEAKING

1. このデジカメはいくらですか？
How much is this digital camera?

いくらですか
+ このデジカメは

How much is
+ this digital camera?

---

2. この電子辞書はいくらですか？
How much is this electronic dictionary?

いくらですか
+ この電子辞書は

How much is
+ this electronic dictionary?

---

3. その薄型テレビはいくらでしたか？
How much was the flat-panel TV?

いくらでしたか
+ その薄型テレビは

How much was
+ the flat-panel TV?

---

4. その貸衣装はいくらでしたか？
How much was the rental dress?

いくらでしたか
+ その貸衣装は

How much was
+ the rental dress?

ミニ会話 MINI CONVERSATION

A: How much is this digital camera?
このデジカメはおいくらですか？

B: It's 21,000 yen with tax.
税込みで 21,000 円です。

A: Could you give me a discount, please?
値引きしてもらえますか？

UNIT 42

How many/much ～？
DVD を何枚借りたの？

How many/much	+	名詞	+	do/did you 動詞[原形]	+	修飾語句	?

どのくらい	DVD を	あなたは借りましたか	
How many	**DVDs**	**did you rent?**	
ハウ メニ	ディーヴィーディーズ	ディッヂュー レント	
	回数	あなたは転職しましたか	
How many	**times**	**did you change jobs?**	
	タイムズ	ディッヂュー チェインヂ ヂャブズ	
	時間	あなたは眠りますか	一日に
	hours	**do you sleep**	**a day?**
ハウ メニ	アウアズ	ドゥ ユー スリープ	ア デイ
どのくらい	ビールを	あなたは飲みましたか	昨夜
How much	**beer**	**did you drink**	**last night?**
ハウ マッチ	ビア	ディッヂュー ドリンク	ラーストナイト

ポイント POINT

物の数や量を尋ねるときに・・・

「いくつ／どのくらいの数の～？」は How many ～？、「どのくらいの量の～？」は How much ～？で尋ねます。例えば「何冊の本」は How many books、「どのくらいのお金」は How much money です。

文構築ドリル LISTENING & SPEAKING

1. DVDを何枚借りたの？ **How many DVDs did you rent?**

| いくつのDVDを | How many DVDs |
| + あなたは借りましたか | + did you rent? |

2. 何回転職しましたか？ **How many times did you change jobs?**

| 何回 | How many times |
| + あなたは転職しましたか | + did you change jobs? |

3. 一日に何時間眠りますか？ **How many hours do you sleep a day?**

何時間	How many hours
+ あなたは眠りますか	+ do you sleep
+ 一日に	+ a day?

4. 昨夜どのくらいビールを飲みましたか？ **How much beer did you drink last night?**

どのくらいのビールを	How much beer
+ あなたは飲みましたか	+ did you drink
+ 昨夜	+ last night?

ミニ会話 MINI CONVERSATION

A: How many DVDs did you rent?
ＤＶＤを何枚借りたの？

B: I rented 14 for a week.
14枚を１週間借りたよ。

A: Wow!
すごいわね！

UNIT 43　How about ～?
お茶をもう一杯いかがですか？

How about	+	名詞／動詞[ing]	+	修飾語句	?
どうですか		もう1杯		お茶を	
		another cup アナザ カップ	+	of tea? アヴ ティー	
		金曜日は		火曜日の代わりに	
How about	+	Friday フライデイ	+	instead of Tuesday? インステッダヴ チューズデイ	
		新しいレストランを試すのは		今夜は	
		trying out a new restaurant トゥライイン アウタ ニュー レストラント	+	tonight? トゥナイト	
		ドライブに行くのは		この週末に	
		going for a drive ゴウイン フォァラ ドゥライヴ	+	this weekend? ディス ウィーケンド	
ハウ アバウト					

ポイント POINT

相手の意向を尋ねるときに・・・

例えば「どこへ行きたい？」という問いに対して、I'd like to see a movie. How about you?（私は映画が見たいわ。あなたはどう？）のように、相手に話を向ける場合によく使う How about you? という言い方を覚えておきましょう。

文構築ドリル LISTENING & SPEAKING

1. お茶をもう1杯いかがですか？
How about another cup of tea?

もう1杯どうですか
+ お茶を

How about another cup
+ of tea?

2. 火曜日の代わりに金曜日はどう？
How about Friday instead of Tuesday?

金曜日はどうですか
+ 火曜日の代わりに

How about Friday
+ instead of Tuesday?

3. 今夜は新しいレストランに入ってみない？
How about trying out a new restaurant tonight?

新しいレストランを試すのはどうですか
+ 今夜は

How about trying out a new restaurant
+ tonight?

4. この週末にドライブに行くのはどう？
How about going for a drive this weekend?

ドライブに行くのはどうですか
+ この週末に

How about going for a drive
+ this weekend?

ミニ会話 MINI CONVERSATION

A: How about trying out that new French restaurant?
あの新しいフレンチレストランに入ってみない？

B: I've been there once. It wasn't good.
一度行ったことがある。おいしくなかったよ。

A: OK. Let's look for another.
いいわ。ほかを探しましょう。

UNIT 44　Why 〜 ?
なぜそんなに熱心に働くの？

Why	+	do/did you	+	動詞[原形] ?

なぜ	あなたは〜ですか **do you** ドゥ ユー	そんなに熱心に働く **work so hard?** ワーク ソウ ハァド
	あなたは〜でしたか **did you** ディッヂュー	心変わりする **change your mind?** チェインヂュア マインド
Why +	あなたは〜ですか **do you** ドゥ ユー	上司に逆らう **argue with your boss?** アァギュー ウィジョー ボス
	あなたは〜でしたか **did you** ディッヂュー	仕事をやめる **quit your job?** クウィッチュア ヂャブ
(ホ)ワイ		

ポイント POINT

理由を尋ねるときに・・・

Why is he so sad?（彼はなぜそんなに悲しんでいるの）のような言い方もできます。返答の仕方は、例えば（Because）he lost his girlfriend.（彼女にふられたから）。Because はつけなくてもかまいません。

文構築ドリル LISTENING & SPEAKING

1. なぜそんなに熱心に働くの? Why do you work so hard?

なぜあなたは〜ですか	Why do you
+ そんなに熱心に働く	+ work so hard?

2. なぜ心変わりしたの? Why did you change your mind?

なぜあなたは〜でしたか	Why did you
+ 心変わりする	+ change your mind?

3. 君はなぜボスに盾つくの? Why do you argue with your boss?

なぜあなたは〜ですか	Why do you
+ 上司に逆らう	+ argue with your boss?

・argue 議論する

4. 君はなぜ仕事をやめたの? Why did you quit your job?

なぜあなたは〜でしたか	Why did you
+ 仕事をやめる	+ quit your job?

ミニ会話 MINI CONVERSATION

A: Why do you argue with your boss?
どうして上司に逆らうの?
B: I'm just telling him my view.
自分の見解を言ってるだけさ。
A: Well, take it easy.
ほどほどにね。

UNIT 45　Why don't 〜 ?
ご一緒しませんか？

Why don't +	you/we +	動詞[原形] +	修飾語句	?

〜しては どうですか	あなたは	私たちに加わる **+ join us?** ヂョイナス	
	you	私に会いに来る **+ come and see me** カマン スィー ミー	日曜日に **+ on Sunday?** オン サンデイ
Why don't +	ユー		
	私たちは	タクシーに乗る **+ take a taxi?** テイカ テァクスィ	
	we	テニスをする **+ play tennis** プレイ テニス	一緒に **+ together?** トゥギャザ
(ホ) **ワイ** ドゥント	ウィ		

ポイント POINT

相手に勧めたり誘ったりするときに・・・

Why don't you 〜 ? を直訳すると「あなたはなぜ〜しないの？」ですが、「〜してはどう？」「〜すればいいのに」と、相手に勧める場合に使います。「私（たち）と一緒に〜してはどう？」と言いたいときは、Why don't we 〜 ? の形を使います。

文構築ドリル LISTENING & SPEAKING

1. ご一緒しませんか？　Why don't you join us?

あなたは〜してはどうですか	Why don't you
＋ 私たちに加わる	＋ join us?

2. 日曜日に遊びに来ませんか？　Why don't you come and see me on Sunday?

あなたは〜してはどうですか	Why don't you
＋ 私に会いに来る	＋ come and see me
＋ 日曜日に	＋ on Sunday?

3. タクシーで行きませんか？　Why don't we take a taxi?

私たちは〜してはどうですか	Why don't we
＋ タクシーに乗る	＋ take a taxi?

4. 一緒にテニスをしませんか？　Why don't we play tennis together?

私たちは〜してはどうですか	Why don't we
＋ テニスをする	＋ play tennis
＋ 一緒に	＋ together?

ミニ会話 MINI CONVERSATION

A: Why don't you come and see me on Sunday?
日曜日に遊びに来ない？

B: Thanks, but I'm going to a spa this weekend.
ありがとう、でもこの週末は温泉に行くんだ。

A: OK, another time.
次回ね。

UNIT 46

動詞［原形］〜 あの角を右へ曲がってください

動詞［原形］+	名詞/副詞	+	修飾語句

持ちなさい	すてきな旅行を	
Have +	**a nice trip.**	
ヘァヴ	ア ナイス トゥリップ	

言いなさい	よろしくと	あなたの家族に
Say +	**hello** +	**to your family.**
セイ	ヘロウ	トゥ ユア ファミリ

行きなさい	2ブロック	この通りに沿って
Go +	**two blocks** +	**along this street.**
ゴウ	トゥ ブラックス	アロング ディス トゥリート

曲がりなさい	右へ	あの角で
Turn +	**right** +	**at that corner.**
ターン	ライト	アット ザット コァナ

ポイント POINT

「〜しなさい」と言いたいときに・・・

動詞の原形で文を始めると、「〜しなさい」の意味になります。この形は、相手に命令する場合だけでなく、「〜してくださいね」と言いたい場合にも使います。例えば「体に気をつけてね」は Take care of yourself. と言います。

文構築ドリル LISTENING & SPEAKING

1. よいご旅行を。　　　　　　**Have a nice trip.**

持ちなさい	Have
＋ すてきな旅行を	＋ a nice trip.

2. ご家族の皆さんによろしく。　**Say hello to your family.**

言いなさい	Say
＋ よろしくと	＋ hello
＋ あなたの家族に	＋ to your family.

3. この通りを2ブロック行ってください。　**Go two blocks along this street.**

行きなさい	Go
＋ 2ブロック	＋ two blocks
＋ この通りに沿って	＋ along this street.

4. あの角を右へ曲がってください。　**Turn right at that corner.**

曲がりなさい	Turn
＋ 右へ	＋ right
＋ あの角で	＋ at that corner.

ミニ会話 MINI CONVERSATION

A: I'm leaving now.
そろそろおいとまします。

B: Say hello to your family.
ご家族の皆さんによろしく。

A: Thanks. I'll see you again.
ありがとう。またお会いしましょう。

UNIT 47
Help me/us ～
床を拭くのを手伝って

Help me/us	+ 動詞[原形]	+ 名詞	+ 修飾語句
私／私たちを手伝って	拭くのを **wipe** ワイプ	床を +**the floor.** ザ フロア	
Help me/us +	運ぶのを **carry** キャリ	この重い箱を +**this heavy box** ディス ヘヴィ バクス	2階へ +**upstairs.** アプステアズ
	洗うのを **do** ドゥ	皿を +**the dishes.** ザ ディッシィズ	
	掃除するのを **clean up** クリーンナプ	部屋を +**the room.** ザ ルーム	

ヘォプ ミー／アス

ポイント POINT

相手に何かを手伝ってほしいときに・・・

単に Help me. と言えば「私を手伝って」の意味。「私が～するのを手伝って」と言いたいときは、Help me の後ろに動詞の原形を置いて表します。「車を洗うのを手伝って」なら Help me <u>wash</u> the car. です。

文構築ドリル LISTENING & SPEAKING

1. 床を拭くのを手伝って。　**Help me wipe the floor.**

| 私が拭くのを手伝って | Help me wipe |
| + 床を | + the floor. |

2. この重い箱を2階へ運ぶのを手伝って。　**Help me carry this heavy box upstairs.**

私が運ぶのを手伝って	Help me carry
+ この重い箱を	+ this heavy box
+ 2階へ	+ upstairs.

・upstairs　上の階

3. お皿を洗うのを手伝ってよ。　**Help us do the dishes.**

| 私たちが洗うのを手伝って | Help us do |
| + 皿を | + the dishes. |

4. 部屋を掃除するのを手伝ってくれよ。　**Help us clean up the room.**

| 私たちが掃除するのを手伝って | Help us clean up |
| + 部屋を | + the room. |

ミニ会話 MINI CONVERSATION

A: Help me carry this heavy box upstairs.
この重い箱を2階へ運ぶのを手伝ってよ。
B: All right. What's in it?
いいよ。中に何が入っているの？
A: Maybe books or something.
たぶん本か何かね。

UNIT 48

Please 〜
シートベルトをお締めください

Please	+	動詞[原形]	+	名詞	+	修飾語句

どうぞ〜ください	締める	あなたのシートベルトを	
	fasten +	**your seat belt.**	
	ファスン	ユア スィート ベォト	
	記入する	この申込書に	
	fill out +	**this application form.**	
	フィラウト	ディサプリ ケイシャン フォアム	
Please +	押す	このボタンを	非常時には
	push +	**this button** +	**in an emergency.**
	プッシュ	ディス バトゥン	インナン ネマーヂャンスィ
	電話する	私たちに	フリーダイヤルで
	call +	**us** +	**toll-free.**
プリーズ	コーォ	アス	トゥォフリー

ポイント POINT

相手に丁寧に頼み事をするときに・・・
例えば Come here.（ここへ来い）と言うと、少しぶしつけな感じがします。Please come here. または Come here, please. のように please をつけると、「ここへ来てください」という丁寧な頼み方になります。

118

文構築ドリル LISTENING & SPEAKING

1. シートベルトを お締めください。 / **Please fasten your seat belt.**

どうぞ締めてください	Please fasten
+ あなたのシートベルトを	+ your seat belt.

・fasten　しっかり締める

2. この申込書に記入してください。 / **Please fill out this application form.**

どうぞ記入してください	Please fill out
+ この申込書に	+ this application form.

3. 非常時にはこのボタンを押してください。 / **Please push this button in an emergency.**

どうぞ押してください	Please push
+ このボタンを	+ this button
+ 非常時には	+ in an emergency.

4. フリーダイヤルへお電話ください。 / **Please call us toll-free.**

どうぞ電話してください	Please call
+ 私たちに	+ us
+ フリーダイヤルで	+ toll-free.

ミニ会話 MINI CONVERSATION

A: Please fill out this application form.
この申込書に記入してください。

B: Where should I turn it in?
どこへ提出すればいいですか？

A: Take it to that counter, please.
あのカウンターへ持っていってください。

UNIT 49 ～ , please.
お勘定をお願いします

名詞	+	and 名詞	+	, please.

お勘定を **Check** チェック		お願いします
2つのハンバーガー **Two hamburgers** トゥー ヘァムバーガズ	とコークのLサイズを **and a large Coke** アンダ ラァーヂ コウク	
通路側の席を **An aisle seat** アンナイォ スィート		**, please.**
大人1枚 **One adult** ワンナダォト	と子ども2枚(の券)を **and two children** アンド トゥー チォドゥレン	プリーズ

ポイント POINT

「～を下さい」と言うときに・・・

店や切符売り場などで「～を下さい」と言いたいときは、「名詞＋, please.」の形を使います。例えば「コーヒーを下さい」は Coffee, please. です。Give me coffee. などと言わないように (それだと「コーヒーをただでくれ」の意味になります)。

文構築ドリル LISTENING & SPEAKING

1. お勘定をお願いします。　**Check, please.**

請求書を	Check
+ お願いします	+ , please.

・Check, please.　会計を頼む際の決まり文句

2. ハンバーガー2つとコークのLサイズをお願いします。　**Two hamburgers and a large Coke, please.**

2つのハンバーガー	Two hamburgers
+ とコークのLサイズを	+ and a large Coke
+ お願いします	+ , please.

3. 通路側の席をお願いします。　**An aisle seat, please.**

通路側の席を	An aisle seat
+ お願いします	+ , please.

・aisle　(座席間の)通路

4. 大人1枚、子ども2枚お願いします。　**One adult and two children, please.**

大人1枚	One adult
+ と子ども2枚(の券)を	+ and two children
+ お願いします	+ , please.

ミニ会話 MINI CONVERSATION

A: Two hamburgers and a large Coke, please.
ハンバーガー2つとコークのLサイズ1つをお願いします。

B: For here or to go?
こちらでお召し上がりですか、それともお持ち帰りですか？

A: To go, please.
持ち帰りにしてください。

UNIT 50 Don't 〜
パスワードを忘れないでね

Don't	+	動詞[原形]	+	名詞	+	修飾語句

〜してはいけない			
	忘れる	あなたのパスワードを	
	forget +	**your password.**	
	ファ**ゲ**ット	ユア **ペァ**スワード	
	抜く	朝食を	
	skip +	**breakfast.**	
Don't +	ス**キ**ップ	ブ**レ**ックファスト	
	放置する	水を	流れるままに
	leave +	**the water** +	**running.**
	リーヴ	ザ **ウォ**ータ	**ラ**ニン
	捨てる	空き缶を	路上に
	throw away +	**empty cans** +	**on the street.**
ド**ウ**ント	ス**ロウ** ア**ウェ**イ	エ**ン**プティ **キャ**ンズ	オン ザ ストゥ**リ**ート

ポイント POINT

「〜してはならない」と言うときに・・・
「〜しなさい」と言うときは動詞の原形で文を始めますが、「〜してはいけません」と言いたいときは「Don't+ 動詞の原形」で文を始めます。例えば「入りなさい」は Come in. 「入ってはいけない」は Don't come in. です。

文構築ドリル LISTENING & SPEAKING

1. パスワードを忘れないでね。 Don't forget your password.

| 忘れてはいけない | Don't forget |
| + あなたのパスワードを | + your password. |

2. 朝食を抜いてはいけません。 Don't skip breakfast.

| 抜いてはいけない | Don't skip |
| + 朝食を | + breakfast. |

3. 水を流しっぱなしにしてはいけない。 Don't leave the water running.

放置してはいけない	Don't leave
+ 水を	+ the water
+ 流れるままに	+ running.

4. 道路に空き缶を捨ててはいけません。 Don't throw away empty cans on the street.

捨ててはいけない	Don't throw away
+ 空き缶を	+ empty cans
+ 路上に	+ on the street.

ミニ会話 MINI CONVERSATION

A: I've connected your computer to the Intranet.
パソコンを社内ネットワークに接続し終わったわ。
B: Thanks a lot.
ありがとう。
A: Don't forget your password.
パスワードを忘れないようにね。

UNIT 51

I'll 〜
6時に車で迎えに行くつもりだよ

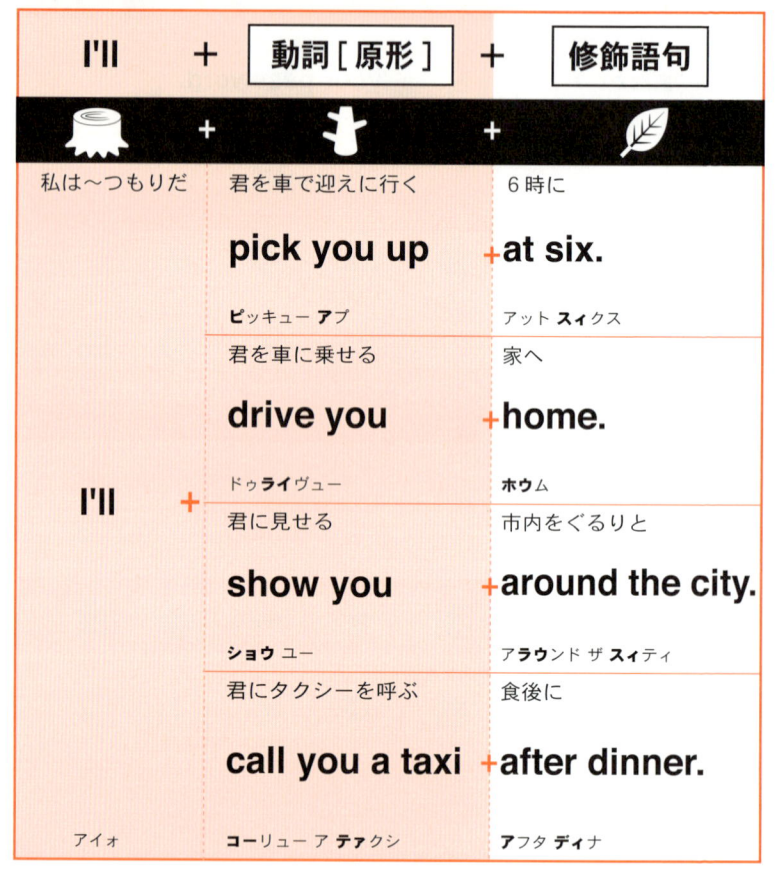

I'll	+	動詞 [原形]	+	修飾語句

私は〜つもりだ	君を車で迎えに行く	6時に
	pick you up	+**at six.**
	ピッキュー **ア**プ	アット **ス**ィクス
	君を車に乗せる	家へ
	drive you	+**home.**
I'll +	ドゥ**ラ**イ ヴュー	**ホ**ウム
	君に見せる	市内をぐるりと
	show you	+**around the city.**
	ショウ ユー	ア**ラ**ウンド ザ **ス**ィティ
	君にタクシーを呼ぶ	食後に
	call you a taxi	+**after dinner.**
アイォ	**コー**リュー ア **テァ**クシ	**ア**フタ **ディ**ナ

ポイント POINT

これから行おうとする行動を表すときに・・・

I'll 〜は I will の短縮形で、「〜するつもりだ」という場合に使う基本表現。will は未来を表します。例えば電話が鳴っている時に「ぼくが出るよ」は I'll answer it. と言います。I answer it. と言わないよう注意。

124

文構築ドリル LISTENING & SPEAKING

1. 6時に車で迎えに行くつもりだよ。 **I'll pick you up at six.**

私は君を車で迎えに行くつもりだ	I'll pick you up
+ 6時に	+ at six.

2. 家まで車で送るよ。 **I'll drive you home.**

私は君を車に乗せるつもりだ	I'll drive you
+ 家へ	+ home.

3. 市内をご案内しましょう。 **I'll show you around the city.**

私は君に見せるつもりだ	I'll show you
+ 市内をぐるりと	+ around the city.

4. 食後にタクシーを呼んであげるよ。 **I'll call you a taxi after dinner.**

私は君にタクシーを呼ぶつもりだ	I'll call you a taxi
+ 食後に	+ after dinner.

ミニ会話 MINI CONVERSATION

A: I'll show you around the city.
市内をご案内しましょう。
B: Thank you. How long will it take?
ありがとう。どのくらい時間がかかりますか？
A: About three hours.
3時間くらいです。

UNIT 52　I'm going to ～
イタリアへ旅行する予定です

| I'm going to + | 動詞 [原形] | + | 名詞 | + | 修飾語句 |

	私は～する予定だ	する	旅行を	イタリアへ
I'm going to	私は～する予定だ	**take**　テイク	+ **a trip**　ア トゥ**リ**ップ	+ **to Italy.**　トゥ **イ**タリ
		加わる	オプショナルツアーに	
		join　**ジョ**イン	+ **the optional tour.**　ジ **ア**プシャナォ **トゥ**ア	
		申し込む	その職に	
		apply for　アプ**ラ**イ フォ	+ **the job.**　ザ **ヂャ**ブ	
		受け入れる	その申し出を	
		accept　アク**セ**プト	+ **the offer.**　ジ **ア**ファ	

アイム
ゴウイング トゥ

ポイント POINT

「～する予定だ」の意味を表すには・・・

「私は～する予定です」は、「I'm going to + 動詞の原形」という形で表します。「彼は～する予定だ」なら、He is going to ～ . と言います。また、「あなたは～する予定ですか」は、Are you going to ～？です。

文構築ドリル LISTENING & SPEAKING

1. イタリアへ旅行する予定です。I'm going to take a trip to Italy.

私はする予定だ	I'm going to take
＋ 旅行を	＋ a trip
＋ イタリアへ	＋ to Italy.

2. オプショナルツアーに参加するつもりです。 I'm going to join the opitional tour.

私は加わる予定だ	I'm going to join
＋ オプショナルツアーに	＋ the optional tour.

3. その職に申し込むつもりです。I'm going to apply for the job.

私は申し込む予定だ	I'm going to apply for
＋ その職に	＋ the job.

4. その申し出を受け入れるつもりです。

I'm going to accept the offer.

私は受け入れる予定だ	I'm going to accept
＋ その申し出を	＋ the offer.

ミニ会話 MINI CONVERSATION

A: I'm going to join the optional tour.
オプショナルツアーに参加するつもりだ。
B: What's it like?
どんな内容なの？
A: We're going to see the sights and do shopping on Maui.
マウイ島で観光してショッピングを楽しむ予定だよ。

UNIT 53　I can ～
私は魚をおろせます

I can	+ 動詞 [原形]	+ 名詞	+ 修飾語句

私は〜することができる	(魚を)おろす	魚を	
	clean	**+ fish.**	
	クリーン	フィッシュ	
	皮をむく	リンゴを	ナイフで
	peel	**+ an apple**	**+ with a knife.**
I can +	ピーォ	ア ネァ ブォ	ウィザ ナイフ
	修理する	パンクしたタイヤを	
	fix	**+ a flat tire.**	
	フィクス	ア フレァト タイア	
	運転する	車を	マニュアルの
	drive	**+ a car**	**+ with a manual transmission.**
アイ キャン	ドゥライヴ	ア カァ	ウィザ メァニュアォ トゥランスミシャン

ポイント POINT

「〜することができる」と言うときに・・・

「できる」の意味は can で表し、後ろには動詞の原形を置きます。主語が He や She の場合も、can には s はつけません。「彼は英語を話せる」なら、He can speak English. です。

文構築ドリル LISTENING & SPEAKING

1. 私は魚をおろせます。　**I can clean fish.**

私はおろすことができる	I can clean
＋ 魚を	＋ fish.

・clean　（魚・鶏などから）臓物をとる

2. 私はナイフでリンゴの皮をむけます。　**I can peel an apple with a knife.**

私は皮をむくことができる	I can peel
＋ リンゴを	＋ an apple
＋ ナイフで	＋ with a knife.

3. ぼくはパンクを直せるよ。　**I can fix a flat tire.**

私は修理することができる	I can fix
＋ パンクしたタイヤを	＋ a flat tire.

4. ぼくはマニュアル車を運転できるよ。　**I can drive a car with a manual transmission.**

私は運転することができる	I can drive
＋ 車を	＋ a car
＋ マニュアルの	＋ with a manual transmission.

ミニ会話 MINI CONVERSATION

A: Oh no, we've got a flat!
しまった、パンクしたみたいだ。
B: No problem. I can fix a flat tire.
だいじょうぶ。私はパンクを直せるわ。
A: But I don't have a spare tire.
でもスペアタイアを積んでいないよ。

UNIT 54

Can you ～ ?
このソフトを使える？

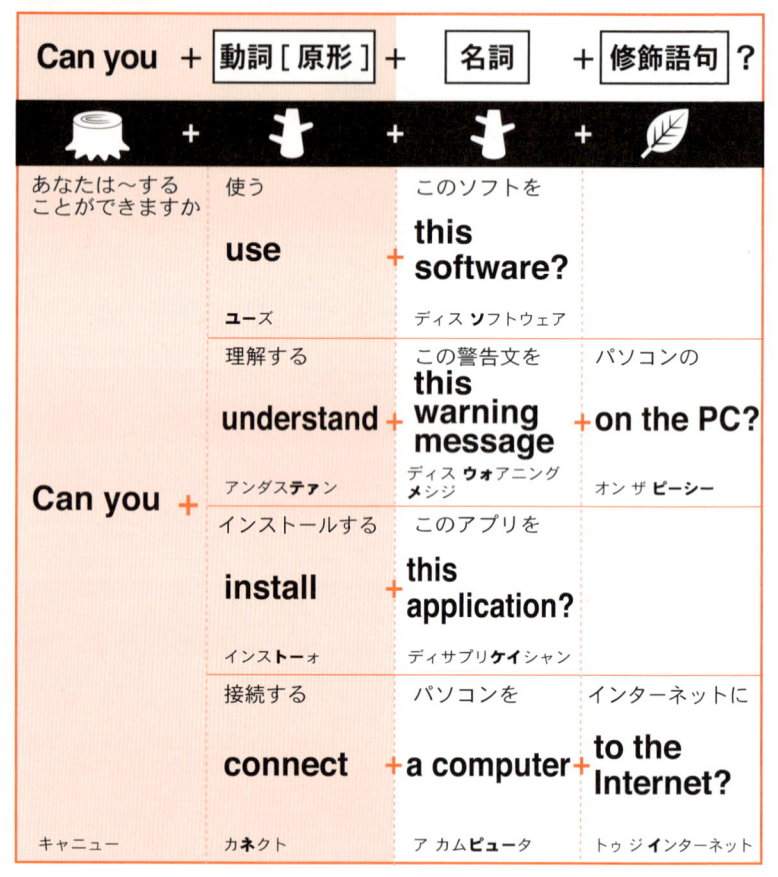

CD Number

| Can you | + | 動詞 [原形] | + | 名詞 | + | 修飾語句 | ? |

あなたは～することができますか	使う **use** ユーズ	このソフトを **this software?** ディス ソフトウェア	
Can you +	理解する **understand** アンダスティァン	この警告文を **this warning message** ディス ウォアニング メシジ	パソコンの **on the PC?** オン ザ ピーシー
キャニュー	インストールする **install** インストーォ カネクト	このアプリを **this application?** ディサプリケイシャン ア カムピュータ	
	接続する **connect**	パソコンを **a computer**	インターネットに **to the Internet?** トゥ ジ インターネット

ポイント POINT

「～することができますか」と尋ねるときに・・・

「あなたは～することができますか」は、「Can you + 動詞の原形 ?」の形で表します。例えば Can you ski?（スキーをすることができますか）に対しては、Yes, I can. または No, I can't. と答えます。

130

文構築ドリル LISTENING & SPEAKING

1. このソフトを使える？　　　**Can you use this software?**

あなたは使うことができますか　Can you use
+ このソフトを　　　　　　　+ this software?

---

2. パソコンのこの警告文を理解できる？　**Can you understand this warning message on the PC?**

あなたは理解することができますか　Can you understand
+ この警告文を　　　　　　　+ this warning message
  + パソコンの　　　　　　　 + on the PC?

---

3. このアプリをインストールできますか？　**Can you install this application?**

あなたはインストールすることができますか　Can you install
+ このアプリを　　　　　　　+ this application?

---

4. パソコンをインターネットに接続できますか？　**Can you connect a computer to the Internet?**

あなたは接続することができますか　Can you connect
+ パソコンを　　　　　　　　+ a computer
  + インターネットに　　　　 + to the Internet?

ミニ会話 MINI CONVERSATION

A: Can you use this software?
このソフトを使えるかい？

B: Yes. I learned it in the workshop.
ええ。研修会で使い方を習ったわ。

A: I should have taken it, too.
ぼくも出席すればよかったよ。

UNIT 55

I can't 〜
トイレの水が流れません

I can't	+	動詞 [原形]	+	名詞	+	修飾語句

私は〜することができない	水を流す **flush** フラッシュ	トイレの + **the toilet.** ザ **トイ**レット	
	眠る **sleep** ス**リ**ープ		柔らかいベッドで + **on a soft bed.** オンナ **ソ**フト **ベ**ッド
I can't +	食べる **eat** **イ**ート	生魚を + **raw fish.** **ロ**ー **フィ**ッシュ	
	がまんする **stand** ス**テァ**ンド	騒音を + **the noise** ザ **ノ**イズ	上の階の + **upstairs.** **ア**プステアズ
アイ **キャ**ント			

ポイント POINT

「〜することができない」と言うときに・・・

「できる」は can、「できない」は can't または cannot で表します。主語が「私」以外の場合も同様で、例えば「彼はパソコンが使えない」なら、He can't use a computer. です。

132

文構築ドリル LISTENING & SPEAKING

1. トイレの水が流れません。　**I can't flush the toilet.**

私は水を流すことができない	I can't flush
＋ トイレの	＋ the toilet.

2. 柔らかいベッドでは眠れないんです。　**I can't sleep on a soft bed.**

私は眠ることができない	I can't sleep
＋ 柔らかいベッドで	＋ on a soft bed.

3. 生魚は食べられません。　**I can't eat raw fish.**

私は食べることができない	I can't eat
＋ 生魚を	＋ raw fish.

・raw　生の

4. 上の階の騒音にはがまんできません。　**I can't stand the noise upstairs.**

私はがまんすることができない	I can't stand
＋ 騒音を	＋ the noise
＋ 上の階の	＋ upstairs.

ミニ会話 MINI CONVERSATION

A: This is the front desk.
こちらはフロントです。

B: This is room 201. I can't flush the toilet.
201号室です。トイレの水が流れないのですが。

A: We're sorry. I'll send maintenance right away.
申し訳ございません。すぐにメンテナンスの者をやらせます。

UNIT 56

I couldn't ～
そのトイレは使えなかった

I couldn't +	動詞[原形] +	名詞 +	修飾語句
私は～することができなかった **I couldn't** アイ ク ドゥント	使う **use** ユーズ	トイレを **the rest room.** ザ レスト ルーム	
	予約する **reserve** リザーヴ	テーブルを **a table** ア テイブォ	レストランに **at the restaurant.** アット ザ レストラント
	見つける **find** ファインド	空席を **an empty seat** アネムプティ スィート	バスの中で **in the bus.** イン ザ バス
	つかまえる **grab** グレァヴ	タクシーを **a cab.** ア キャブ	

ポイント POINT

「～することができなかった」と言うときに・・・

can の過去形は could（できた）です。例えば「彼女は英語を話すことができた」は She could speak English.「彼女は英語を話すことができなかった」なら She couldn't speak English. となります。

134

文構築ドリル LISTENING & SPEAKING

1. そのトイレは使えなかった。 I couldn't use the rest room.

私は使うことができなかった　I couldn't use
　+ トイレを　　　　　　　　+ the rest room.

2. レストランの予約ができなかった。 I couldn't reserve a table at the restaurant.

私は予約することができなかった　I couldn't reserve
　+ テーブルを　　　　　　　+ a table
　　+ レストランに　　　　　　+ at the restaurant.

3. バスには空きがなかった。 I couldn't find an empty seat in the bus.

私は見つけることができなかった　I couldn't find
　+ 空席を　　　　　　　　　+ an empty seat
　　+ バスの中で　　　　　　+ in the bus.　　・empty　空の

4. タクシーがつかまらなかった。 I couldn't grab a cab.

私はつかまえることができなかった　I couldn't grab
　+ タクシーを　　　　　　　+ a cab.

ミニ会話 MINI CONVERSATION

A: I couldn't find an empty seat in the bus.
バスの中に空席が見つからなかったんだ。

B: Did you stand all the way for two hours?
2時間ずっと立ってたの？

A: Yes, I did. I'm tired out now.
そうだよ。もうへとへとだ。

UNIT 57

May/Can I ～？
クレジットカードでもいいですか？

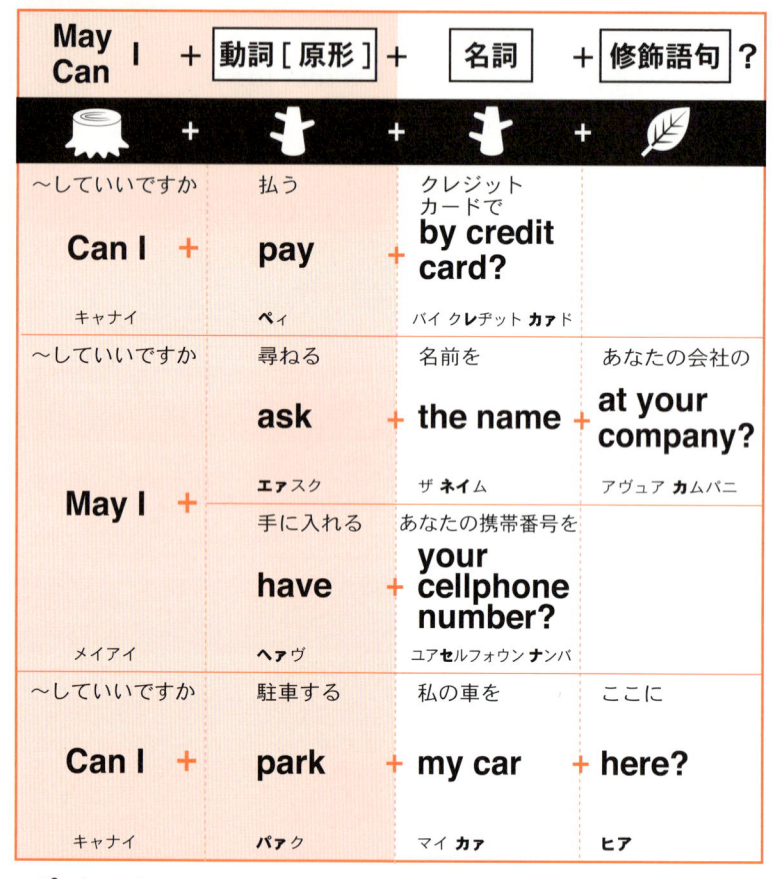

May/Can I	+ 動詞[原形]	+ 名詞	+ 修飾語句 ？
～していいですか **Can I** + キャナイ	払う **pay** ペィ	クレジットカードで **by credit card?** バイ クレヂット カァド	
～していいですか **May I** + メイアイ	尋ねる **ask** エァスク	名前を **the name** ザ ネイム	あなたの会社の **at your company?** アヴュア カムパニ
	手に入れる **have** ヘァヴ	あなたの携帯番号を **your cellphone number?** ユアセルフォウン ナンバ	
～していいですか **Can I** + キャナイ	駐車する **park** パァク	私の車を **my car** マイ カァ	ここに **here?** ヒア

ポイント POINT

相手に許可を求めるときに・・・

「～してもよい」という「許可」の意味を表すには、may(またはcan)を使います。「～してもいいですか」は、「May I/Can I + 動詞の原形 ?」で表します。答えは、Yes, you may/can. または No, you must not/can't. となります。

文構築ドリル LISTENING & SPEAKING

1. クレジットカードでもいいですか？ | **Can I pay by credit card?**

払っていいですか | Can I pay
+ クレジットカードで | + by credit card?

2. 会社のお名前をお聞きしてもいいですか？ | **May I ask the name of your company?**

尋ねていいですか | May I ask
+ 名前を | + the name
+ あなたの会社の | + of your company?

3. 携帯の番号をお聞きしてもいいですか？ | **May I have your cellphone number?**

手に入れていいですか | May I have
+ あなたの携帯番号を | + your cellphone number?

・cellphone　携帯電話

4. ここに駐車してもいいですか？ | **Can I park my car here?**

駐車していいですか | Can I park
+ 私の車を | + my car
+ ここに | + here?

ミニ会話 MINI CONVERSATION

A: Can I park my car here?
　ここに駐車してもいいですか？
B: No. There is a parking lot at the back of this buildling.
　いいえ。この建物の裏に駐車場があります。
A: Thank you.
　ありがとう。

UNIT 58

You can't 〜
公共の場所でたばこを吸ってはいけません

You can't + 動詞[原形] + 名詞 + 修飾語句

あなたは〜してはいけない			
You can't +	たばこを吸う **smoke** スモウク		公共の場所で **in public spaces.** イン パブリック スペイシーズ
	撮影する **take** テイク	写真を **pictures** ピクチャズ	博物館の中で **in the museum.** イン ザ ミューズィーアム
	置き去りにする **leave** リーブ	あなたの自転車を **your bicycle** ユア バイシクォ	ここに **here.** ヒア
	飲む **drink** ドゥリンク	この水を **this water.** ディス ウォータ	

ユー キャント

ポイント POINT

「〜してはいけない」と言うときに・・・

例えばYou can't park here.と言えば、「あなたはここに駐車することはできない」つまり「ここに駐車してはいけない」という意味になります。Don't park here. よりも穏やかな言い方です。

文構築ドリル LISTENING & SPEAKING

1. 公共の場所でたばこを吸ってはいけません。
You can't smoke in public spaces.

あなたはたばこを吸ってはいけない
You can't smoke

+ 公共の場所で
+ **in public spaces.**

2. 博物館内では写真を撮ってはいけません。
You can't take pictures in the museum.

あなたは撮影してはいけない
You can't take

+ 写真を
+ **pictures**
+ 博物館の中で
+ **in the museum.**

3. ここに自転車を置き去りにしてはいけません。
You can't leave your bicycle here.

あなたは置き去りにしてはいけない
You can't leave

+ あなたの自転車を
+ **your bicycle**
+ ここに
+ **here.**

4. この水は飲めません。
You can't drink this water.

あなたは飲んではいけない
You can't drink

+ この水を
+ **this water.**

ミニ会話 MINI CONVERSATION

A: You can't smoke in public spaces.
公共の場所ではたばこは吸えないよ。

B: Is there a smoking corner in this building?
このビルの中に喫煙コーナーはあるの？

A: Yes. There's one on the third floor.
ああ。3階にあるよ。

UNIT 59

Would/Will you ～ ?
円をドルに両替してくれませんか？

| Would/Will you + | 動詞 [原形] | + | 修飾語句 | ? |

Would/Will you +			
～してくれませんか	円を両替する **exchange yen** イクス**チェイン**ヂ **イェ**ン	+	ドルに **to dollars?** トゥ **ダ**ラズ
	これを交換する **change this** **チェイン**ヂ ディス	+	新しいのと **for a new one?** フォラ **ニュー** ワン
	私に道を教える **show me the way** **ショウ** ミー ザ **ウェ**イ	+	モールへ行く **to the mall?** トゥ ザ **モー**ォ
ウッヂュー /ウィリュー	これを包む **wrap this** **ラ**ップ ディス	+	プレゼントとして **as a gift?** アザ **ギ**フト

ポイント POINT

相手に物を頼むときに・・・

相手に何かをしてほしいときに使う基本表現で、Will よりも Would を使う方がより丁寧な言い方。Will you open the window, please? あるいは Will you please open the window? のように、しばしば please をつけて使います。

文構築ドリル LISTENING & SPEAKING

1. 円をドルに両替してもらえますか？ **Would you exchange yen to dollars?**

円を両替してくれませんか	Would you exchange yen
+ ドルに	+ to dollars?

2. これを新しいのと交換してもらえますか？ **Will you change this for a new one?**

これを交換してくれませんか	Will you change this
+ 新しいのと	+ for a new one?

3. モールへ行く道を教えてくれませんか？ **Will you show me the way to the mall?**

私に道を教えてくれませんか	Will you show me the way
+ モールへ行く	+ to the mall?

・mall　ショッピングモール

4. これをプレゼント用に包んでもらえますか？ **Would you wrap this as a gift?**

これを包んでくれませんか	Would you wrap this
+ プレゼントとして	+ as a gift?

ミニ会話 MINI CONVERSATION

A: Excuse me. Will you tell me the way to the station?
すみません。駅へ行く道を教えてもらえますか？

B: Sorry, I'm a stranger here.
申し訳ありませんが、このあたりは不案内なんです。

A: Oh, thanks anyway.
ああ、とにかくありがとうございます。

UNIT 60　Could you ～ ?
席を詰めていただけませんか？

Could you + 動詞[原形] + 修飾語句 ?

～していただけますか	スペースを作る **make room** メイク ルーム	私たちのために + **for us?** フォァラス
Could you +	私に作る **make me** メイク ミー	1杯の野菜スープを + **a cup of vegetable soup?** ア カッパヴ ヴェヂタブォ スープ
	私を連れて行く **take me** テイク ミー	切符売り場へ + **to the ticket office?** トゥ ザ ティキッタフィス
	私を起こす **wake me up** ウェイク ミー アプ	6時に + **at six?** アット スィクス

クッヂュー

ポイント POINT

相手に丁寧に頼むときに・・・

Could you (please) ～? は、Would you (please) ～? と同じように、相手に丁寧に何かを頼む場合に使います。Can you help me? は「手伝える／手が空いている かい？」、Could you help me? は「手伝ってもらえないかな？」というニュアンスになります。

文構築ドリル LISTENING & SPEAKING

1. 席を詰めていただけませんか？ — **Could you make room for us?**

スペースを作っていただけますか — **Could you make room**

+ 私たちのために + **for us?**

2. 1杯の野菜スープを作っていただけますか？ — **Could you make me a cup of vegetable soup?**

私に作っていただけますか — **Could you make me**

+ 1杯の野菜スープを + **a cup of vegetable soup?**

3. 切符売り場まで案内してもらえますか？ — **Could you take me to the ticket office?**

私を連れて行っていただけますか — **Could you take me**

+ 切符売り場へ + **to the ticket office?**

4. 6時に起こしていただけますか？ — **Could you wake me up at six?**

私を起こしていただけますか — **Could you wake me up**

+ 6時に + **at six?**

・wake up 起きる

ミニ会話 MINI CONVERSATION

A: Could you wake me up at six?
6時に起こしていただけますか？

B: Certainly. Would you like a breakfast ticket?
かしこまりました。朝食券をお求めですか？

A: No, thanks.
いえ、けっこうです。

UNIT 61 I have to/I've got to 〜
もう行かなくちゃ

I have / I've got	to +	動詞[原形]	+	修飾語句

私は〜しなければならない			
I have to/ I've got to +	出発する **leave** リーヴ	今 + **now.** ナウ
	ネコにえさをやる **feed my cat** フィード マイ **キャット**	1日3回 + **three times a day.** スリー **タイムズ** ア**デイ**
	犬を散歩させる **walk my dog** **ウォーク** マイ **ドッグ**	毎日 + **every day.** **エヴリ デイ**
	息子を車に乗せる **drive my son** ドゥ**ライヴ** マイ **サン**	幼稚園へ + **to kindergarten.** トゥ **キン**ダガートゥン
アイ ヘァヴ/ アイヴ **ガットゥ**		

ポイント POINT

> 「〜しなければならない」と言いたいときに・・・
> 締め切りが迫っていて「これを今日終えねばならない」と言いたいときは、I have to finish this today. または I've got to finish this today. と言います。have got は、口語で have の代わりにしばしば使う表現です。

144

文構築ドリル LISTENING & SPEAKING

1. もう行かなくちゃ。　　　　**I have to leave now.**

私は出発しなければならない	I have to leave
+ 今	+ now.

2. 1日に3回ネコにえさをやらなきゃいけないの。　**I have to feed my cat three times a day.**

私はネコにエサをやらなければならない	I have to feed my cat
+ 1日3回	+ three times a day.

3. 毎日犬を散歩させなくちゃならないんだ。　**I've got to walk my dog every day.**

私は犬を散歩させなければならない	I've got to walk my dog
+ 毎日	+ every day.

4. 息子を車で幼稚園へ送って行かなくちゃ。　**I've got to drive my son to kindergarten.**

私は息子を車に乗せなければならない	I've got to drive my son
+ 幼稚園へ	+ to kindergarten.

ミニ会話 MINI CONVERSATION

A: I'll go home now, and come again.
今は家に帰って、出直して来るわ。

B: Do you have anything to do at home?
家に何か用事があるの？

A: I have to walk my dog every day.
毎日犬を散歩させなくちゃならないの。

UNIT 62

Do I have to ～ ?
今日残業しなければなりませんか？

Do I have to + 動詞[原形] + 名詞/副詞 + 修飾語句 ?

私は～しなければなりませんか	働く	時間外に	今日は
	work	+ **overtime**	+ **today?**
	ワーク	オウヴァタイム	トゥデイ
Do I have to +	する	スピーチを	会議で
	give	+ **a speech**	+ **in the meeting?**
	ギヴ	ア スピーチ	イン ザ ミーティング
	来る	戻って	職場に
	come	+ **back**	+ **to the office?**
	カム	ベァク	トゥ ジ アフィス
	提出する	報告書を	明日までに
	submit	+ **the report**	+ **by tomorrow?**
ドゥ アイ ヘァ フタ	サブミット	ザ リポァト	バイ トゥマロウ

ポイント POINT

「～しなければなりませんか」と尋ねるときに・・・

「私は～しなければなりませんか」は、Must I ～？とも言えますが、Do I have to ～？と言う方が普通です。「いいえ、しなくていいですよ」という答えは、No, you don't (have to). です。

文構築ドリル LISTENING & SPEAKING

1. 今日残業しなければなりませんか？
Do I have to work overtime today?

私は働かなければなりませんか	Do I have to work
+ 時間外に	+ overtime
+ 今日は	+ today?

2. 会議でスピーチをしなければなりませんか？
Do I have to give a speech in the meeting?

私はしなければなりませんか	Do I have to give
+ スピーチを	+ a speech
+ 会議で	+ in the meeting?

3. オフィスに戻らなければなりませんか？
Do I have to come back to the office?

私は来なければなりませんか	Do I have to come
+ 戻って	+ back
+ 職場に	+ to the office?

4. 明日までに報告書を提出しなければなりませんか？
Do I have to submit the report by tomorrow?

私は提出しなければなりませんか	Do I have to submit
+ 報告書を	+ the report
+ 明日までに	+ by tomorrow?

ミニ会話 MINI CONVERSATION

A: Do I have to come back to the office?
オフィスに戻らなければいけませんか？

B: Do you have any other appointments?
別の約束があるのかい？

A: Yes, I'll call on Mr. Tanaka at two.
はい、2時に田中氏を訪ねます。

UNIT 63

You don't have to ～
靴を脱ぐ必要はありません

You don't have to	+	動詞[原形]	+	名詞	+	修飾語句

あなたは～する必要はありません	脱ぐ **take off** テイ**コ**フ	+	あなたの靴を **your shoes.** ユア **シュ**ーズ		
You don't have to +	見せる **show** **ショ**ウ	+	あなたのパスポートを **your passport** ユア **パ**スポァト	+	ここでは **here.** **ヒ**ア
	返答する **reply** リプ**ラ**イ			+	このメールに対して **to this e-mail.** トゥ ディ**スィ**ーメイォ
	貼る **put** **プ**ット	+	切手を **a stamp** ア ス**タ**ンプ	+	封筒に **on the envelope.** オン ジ **エ**ンヴェロウプ

ユー **ド**ウント **ハ**フタ

ポイント POINT

「～しなくてよい」と言うときに・・・

have to は「～しなければならない」の意味ですが、don't have to は「～しなくてよい、～する必要はない (=need not)」の意味です。「～してはいけない」と誤解しないように。

文構築ドリル LISTENING & SPEAKING

1. 靴を脱ぐ必要はありません。 **You don't have to take off your shoes.**

あなたは脱ぐ必要はない	You don't have to take off
＋ あなたの靴を	＋ your shoes.

2. ここではパスポートを見せる必要はありません。 **You don't have to show your passport here.**

あなたは見せる必要はない	You don't have to show
＋ あなたのパスポートを	＋ your passport
＋ ここでは	＋ here.

3. このメールには返信不要です。 **You don't have to reply to this e-mail.**

あなたは返答する必要はない	You don't have to reply
＋ このメールに対して	＋ to this e-mail.

4. 封筒に切手を貼る必要はありません。 **You don't have to put a stamp on the envelope.**

あなたは貼る必要はない	You don't have to put
＋ 切手を	＋ a stamp
＋ 封筒に	＋ on the envelope.

ミニ会話 MINI CONVERSATION

A: Please come in. You don't have to take off your shoes.
どうぞ入って。靴は脱がなくていいわよ。

B: Thank you. What's this room for?
ありがとう。ここは何の部屋？

A: I keep antiques here.
骨董品をここに保管しているの。

UNIT 64 I had to ～
1時間待たされた

I had to	+	動詞[原形]	+	修飾語句	+	修飾語句

私は〜せねばならなかった	待つ **wait** ウェイト	1時間 **for an hour.** フォァラン**ナウア**	
	歩く **walk** ウォーク	家へ **home.** **ホ**ウム	
I had to +	とどまる **stay** ステイ	家に **at home** アット **ホ**ウム	病気だったので **because I was sick.** ビ**コー**ザイ ワズ **ス**ィック
	料理する **cook** **ク**ック	私自身のために **for myself** フォァ マイ**セ**オフ	独身のときは **when I was single.** (ホ)**ウェ**ンナイ ワズ **ス**ィングォ
アイ **ヘ**ァド トゥ			

ポイント POINT

「〜しなければならなかった」の意味を表すには・・・

have to（〜しなければならない）を過去形にすると、had to（〜しなければならなかった）となります。否定の形は、I didn't have to go there.（私はそこへ行かなくてもよかった）のようになります。

文構築ドリル LISTENING & SPEAKING

1. 1時間待たされた。　　　　**I had to wait for an hour.**

私は待たねばならなかった	I had to wait
＋ 1時間	＋ for an hour.

2. 家まで歩いて帰らなければ　**I had to walk home.**
ならなかった。

私は歩かねばならなかった	I had to walk
＋ 家へ	＋ home.

3. 病気だったので　　　　　　**I had to stay at home because I**
家にいなければならなかった。**was sick.**

私はとどまらねばならなかった	I had to stay
＋ 家に	＋ at home
＋ 病気だったので	＋ because I was sick.

4. 独身中は自炊しなければ　　**I had to cook for myself when I**
ならなかった。　　　　　　　　**was single.**

私は料理せねばならなかった	I had to cook
＋ 私自身のために	＋ for myself
＋ 独身のときは	＋ when I was single.

ミニ会話 MINI CONVERSATION

A: I had to walk home yesterday.
きのうは家まで歩いて帰らなくちゃならなかったわ。
B: Why didn't you take a taxi?
なぜタクシーに乗らなかったの？
A: All the traffic was tied up due to an accident.
事故で交通が全部不通になったの。

UNIT 65

You should ～
なるべく早く医者にみてもらった方がいいよ

You should + 動詞 [原形] + 名詞 + 修飾語句

あなたは～した方がいい	みてもらう	医者に	なるべく早く
You should	**see** +	**a doctor** +	**as soon as possible.**
	スィー	ア ダクタ	アズ スーンナズ パッスィブォ
	気をつける	自分自身に	
	take care of +	**yourself.**	
	テイケアアヴ	ユアセォフ	
	する		ダイエットを
	go	+	**on a diet.**
	ゴウ		オンナ ダイアット
	やめる	喫煙を	健康のために
	stop +	**smoking** +	**for your health.**
ユー シュッド	スタップ	スモウーキン	フォリュア ヘォス

ポイント POINT

相手の行動を促す時に・・・

「君は～する方がいいよ」と相手に勧めるときは、「You should ＋動詞の原形」の形を使います。should は「～すべきだ、～する方がいい」の意味で、「彼は禁煙すべきだ」なら He should stop smoking. となります。

文構築ドリル LISTENING & SPEAKING

1. なるべく早く医者にみてもらった方がいいよ。
You should see a doctor as soon as possible.

あなたはみてもらった方がよい　You should see
- ＋ 医者に　　　　　　　　＋ a doctor
  - ＋ なるべく早く　　　　　＋ as soon as possible.

2. 体には気をつけた方がいいよ。 You should take care of yourself.

あなたは気をつけた方がよい　You should take care of
- ＋ 自分自身に　　　　　　＋ yourself.

3. ダイエットした方がいいよ。 You should go on a diet.

あなたはした方がよい　　　You should go
- ＋ ダイエットを　　　　　＋ on a diet.

4. 健康のためにたばこをやめた方がいいよ。
You should stop smoking for your health.

あなたはやめた方がよい　　You should stop
- ＋ 喫煙を　　　　　　　　＋ smoking
  - ＋ 健康のために　　　　　＋ for your health.

ミニ会話 MINI CONVERSATION

A: I've had a headache since yesterday.
きのうからずっと頭が痛いの。

B: You should see a doctor as soon as possible.
なるべく早く医者にみてもらった方がいいよ。

A: I know, but I have a job interview today.
わかってるんだけど、今日は就職面接があるの。

UNIT 66

Shall I ～？
コーヒーを入れましょうか？

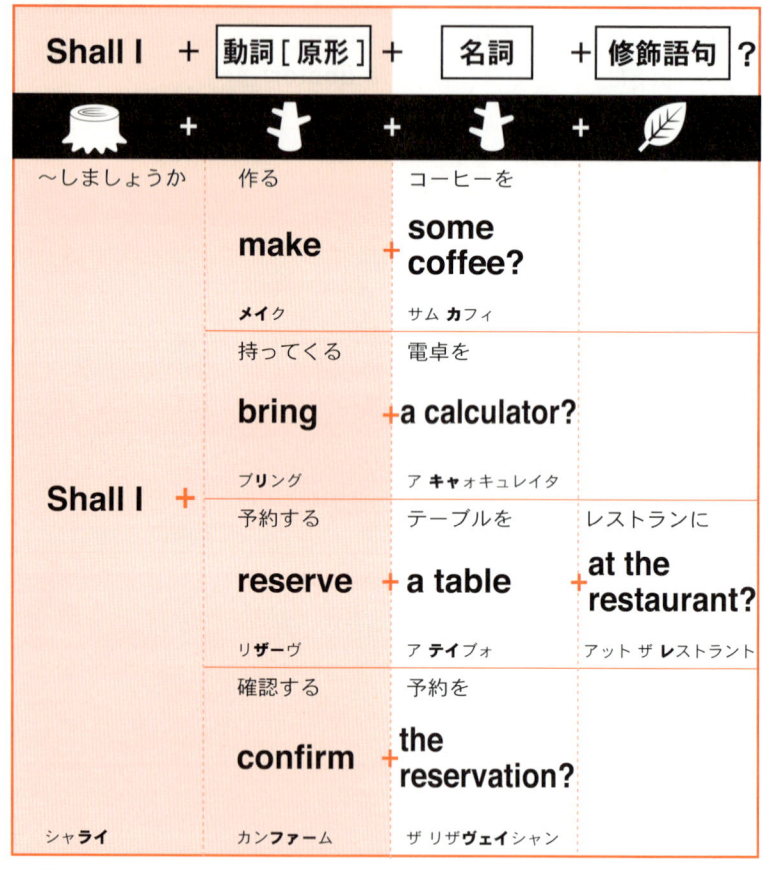

Shall I	+	動詞 [原形]	+	名詞	+	修飾語句	?

～しましょうか	作る	コーヒーを	
	make +	**some coffee?**	
	メイク	サム カフィ	
	持ってくる	電卓を	
	bring +	**a calculator?**	
Shall I +	ブリング	ア キャォキュレイタ	
	予約する	テーブルを	レストランに
	reserve +	**a table** +	**at the restaurant?**
	リザーヴ	ア テイブォ	アット ザ レストラント
	確認する	予約を	
	confirm +	**the reservation?**	
	シャライ	カンファーム	ザ リザヴェイシャン

ポイント POINT

「私が～しましょうか」と申し出るときに・・・

相手の意向を尋ねる状況で、「私が～しましょうか」と言いたいときは、「Shall I ＋動詞の原形?」の形を使います。「私が行きましょうか」なら、Shall I go? です。

154

文構築ドリル LISTENING & SPEAKING

1. コーヒーを入れましょうか？ Shall I make some coffee?

作りましょうか
 + コーヒーを

Shall I make
 + some coffee?

2. 電卓を持ってきましょうか？ Shall I bring a calculator?

持ってきましょうか
 + 電卓を

Shall I bring
 + a calculator?

3. レストランに予約しましょうか？ Shall I reserve a table at the restaurant?

予約しましょうか
 + テーブルを
  + レストランに

Shall I reserve
 + a table
  + at the restaurant?

4. 予約を確認しましょうか？ Shall I confirm the reservation?

確認しましょうか
 + 予約を

Shall I confirm
 + the reservation?

ミニ会話 MINI CONVERSATION

A: Shall I reserve a table at the restaurant?
レストランに予約しましょうか？
B: Yes, please. Four adults and six children.
頼むよ。大人が4人と子どもが6人だ。
A: Sure. What time is convenient for you?
わかったわ。あなたは何時なら都合がいい？

UNIT 67　Shall we ～ ?
一緒に昼食を取りましょうか？

Shall we +	動詞 [原形] +	名詞 +	修飾語句 ?
～しましょうか	食べる	昼食を	一緒に
	have	**+ lunch**	**+ together?**
	ヘァヴ	ランチ	トゥギャザ
	試す	あの中華料理店を	
Shall we +	**try**	**+ that Chinese restaurant?**	
	トゥライ	ザット チャイニーズ レストラント	
	注文する	ビールをもっと	
	order	**+ more beer?**	
	オァダ	モア ビア	
	割る	勘定を	
	split	**+ the bill?**	
シャルウィ	スプリット	ザ ビォ	

ポイント POINT

「（一緒に）～しましょうか」と相手を誘うときに・・・

「私たちが（一緒に）～しましょうか」と相手の意向を尋ねるには、「Shall we ＋動詞の原形?」という形を使います。Shall we dance? は「踊りましょうか」の意味で、Let's dance. とほぼ同じ意味です。

文構築ドリル LISTENING & SPEAKING

1. 一緒に昼食を取りましょうか？
Shall we have lunch together?

食べましょうか   **Shall we have**
+ 昼食を   + **lunch**
  + 一緒に   + **together?**

2. あの中華料理店に入ってみましょうか？
Shall we try that Chinese restaurant?

試しましょうか   **Shall we try**
+ あの中華料理店を   + **that Chinese restaurant?**

3. ビールをもっと注文しましょうか？
Shall we order more beer?

注文しましょうか   **Shall we order**
+ ビールをもっと   + **more beer?**

4. 割り勘にしましょうか？
Shall we split the bill?

割りましょうか   **Shall we split**
+ 勘定を   + **the bill?**

· split　分ける

ミニ会話 MINI CONVERSATION

A: Shall we have lunch together?
一緒に昼食を取ろうか？
B: OK. Is there a good restaurant around here?
いいわね。このあたりにおいしいレストランはあるかしら？
A: Yes. Let's go to that Chinese restaurant.
うん。あの中華料理店へ行こう。

UNIT 68

Let's 〜
ホテルに戻りましょう

Let's	+	動詞 [原形]	+	修飾語句
〜しましょう		戻る **go back** ゴウ ベァク	+	ホテルに **to the hotel.** トゥ ザ ホウテォ
Let's	+	写真を撮る **take a picture** テイカ ピクチャ	+	あの像の前で **in front of that statue.** インフ ランナヴ ザット ステァチャー
		連絡を取り合っておく **keep in touch** キーピン タッチ	+	携帯で **by mobile.** バイ モウバイオ
レッツ		集まる **get together** ゲットゥゲザ	+	金曜日の晩に **on Friday evening.** オン フライデイ イーヴニン

ポイント POINT

相手を誘うときに・・・
日本語でも「レッツゴー」などと言うとおり、Let's 〜は「〜しよう」と相手を誘う場合の基本表現。例えば Let's have a drink.（一杯やろう）に対しては、Yes, let's.（うん、やろう）のように答えます。

158

文構築ドリル LISTENING & SPEAKING

1. ホテルに戻りましょう。 Let's go back to the hotel.

戻りましょう　　　　　　　　Let's go back
  + ホテルに　　　　　　　　　　+ to the hotel.

2. あの像の前で写真を撮ろうよ。 Let's take a picture in front of that statue.

写真を撮りましょう　　　　　Let's take a picture
  + あの像の前で　　　　　　　　+ in front of that statue.

3. 携帯で連絡を取り合いましょう。 Let's keep in touch by mobile.

連絡を取り合いましょう　　　Let's keep in touch
  + 携帯で　　　　　　　　　　　+ by mobile.

・mobile　携帯電話

4. 金曜日の晩に集まろう。 Let's get together on Friday evening.

集まりましょう　　　　　　　Let's get together
  + 金曜日の晩に　　　　　　　　+ on Friday evening.

ミニ会話 MINI CONVERSATION

A: Let's keep in touch by mobile.
携帯で連絡を取り合いましょう。
B: Sorry, I left mine at home.
ごめん、家に自分の携帯を忘れてきちゃったんだ。
A: Well, call me by pay phone.
じゃあ、公衆電話から電話して。

159

UNIT 69

Let me 〜
自己紹介させてください

| Let me + | 動詞 [原形] | + | 名詞 |

私に〜させてください			
Let me +	紹介する **introduce** イントゥラ**デュ**ース	+	私自身を **myself.** マイ**セ**ォフ
	知る **know** ノウ	+	あなたの新しい住所を **your new address.** ユア **ニュー** アドゥ**レ**ス
	確認する **check** **チェ**ック	+	私の予定を **my schedule.** マイ ス**ケ**デューォ
	支払う **pay for** **ペ**イ フォァ	+	コーヒーの代金を **the coffee.** ザ **カ**フィ

レット ミー

ポイント POINT

自分に何かをさせてほしいときに・・・
Let me know 〜（私に〜を知らせてください）は特によく使う言い方。答えをためらうときの Let me see.（ええと、ちょっと待って）も覚えておきましょう。Let's see. とも言います。

160

文構築ドリル LISTENING & SPEAKING

1. 自己紹介させてください。 　Let me introduce myself.

| 私に紹介させてください | Let me introduce |
| + 私自身を | + myself. |

2. 新しい住所を知らせてください。 　Let me know your new address.

| 私に知らせてください | Let me know |
| + あなたの新しい住所を | + your new address. |

3. スケジュールを確認させてください。 　Let me check my schedule.

| 私に確認させてください | Let me check |
| + 私の予定を | + my schedule. |

4. コーヒー代は私に払わせてください。 　Let me pay for the coffee.

| 私に支払わせてください | Let me pay for |
| + コーヒーの代金を | + the coffee. |

ミニ会話 MINI CONVERSATION

A: Are you free on Friday evening.
金曜日の晩はひまかい？
B: Let me check my schedule. Yes, I'll be free on Friday.
スケジュールを確認させて。ええ、金曜日は空いてるわ。
A: How about going to a movie?
映画に行くのはどう？

UNIT 70

Do you mind if I ～ ?
エアコンをつけてもかまいませんか？

Do you mind if I	+	動詞[原形]	+	名詞	+	修飾語句	?

私が〜してもかまいませんか	スイッチを入れる	エアコンの	
	turn on +	**the air-conditioner?**	
	ターノン	ジ **エア** カン**ディ**シャナ	
Do you mind if I +	変える	テレビのチャンネルを	
	change +	**the channel on TV?**	
	チェンヂ	ザ **チャ**ネル オン **ティー**ヴィー	
	電話する	あなたに	今晩
	call +	**you** +	**this evening?**
	コーォ	ユー	ディ**シー**ヴニン
	共有する	テーブルを	あなたと
	share +	**the table** +	**with you?**
ドゥ ユー **マインド イフ アイ**	シェア	ザ **テイ**ブォ	ウィヂュー

ポイント POINT

相手に許可を求めるときに・・・

Do you mind if I ～ ? は「もし私が〜すればあなたはいやがりますか」→「〜してもかまいませんか」(mind= 気にする、いやがる)。「いいですよ」と答えるには、「私はいやではない」の意味から、No, not at all. のように否定の形を使います。

文構築ドリル LISTENING & SPEAKING

1. エアコンをつけてもかまいませんか？
Do you mind if I turn on the air conditioner?

私がスイッチを入れてもかまいませんか
Do you mind if I turn on
+ エアコンの
+ the air conditioner?

2. テレビのチャンネルを変えてもかまいませんか？
Do you mind if I change the channel on TV?

私が変えてもかまいませんか　Do you mind if I change
+ テレビのチャンネルを　+ the channel on TV?

3. 今晩お電話してもかまいませんか？
Do you mind if I call you this evening?

私が電話してもかまいませんか　Do you mind if I call
+ あなたに　　　　　　　　　+ you
+ 今晩　　　　　　　　　　　+ this evening?

4. 相席してもよろしいですか？
Do you mind if I share the table with you?

私が共有してもかまいませんか　Do you mind if I share
+ テーブルを　　　　　　　　+ the table
+ あなたと　　　　　　　　　+ with you?

ミニ会話 MINI CONVERSATION

A: Do you mind if I turn up the TV?
テレビの音を大きくしてもかまいませんか？

B: Not at all. What's on TV?
いいですよ。テレビでは何をやっているんですか？

A: A soccer game.
サッカーの試合です。

UNIT 71　I'd like ～
冷たい水が１杯欲しい

I'd like	+	名詞	+	修飾語句
私は欲しい		コップ１杯が		冷たい水の
		a glass	+	**of cold water.**
		ア グ**レァ**ス		アヴ **コウォド ウォータ**
		何かが		食べるための
		something	+	**to eat.**
I'd like	+	**サ**ムシン		トゥ **イート**
		メモ帳が		書くための
		a memo pad	+	**to write on.**
		ア **メモウ ペァ**ド		トゥ **ライトン**
		青い帽子が		あの棚の上の
		the blue hat	+	**on that shelf.**
アイド **ライ**ク		ザ **ブルー ヘァ**ト		オン ザット **シェ**ォ

ポイント POINT

何かが欲しいときに・・・

I'd は I would の略で、I would like は I want をより丁寧にした言い方。例えばレストランでメニューを見て「私は魚（料理）が食べたい」と言いたいときは、I'd like fish. を使います。

文構築ドリル LISTENING & SPEAKING

1. 冷たい水が1杯欲しい。　**I'd like a glass of cold water.**

私はコップ1杯欲しい	I'd like a glass
＋ 冷たい水の	＋ of cold water.

2. 何か食べるものが欲しい。　**I'd like something to eat.**

私は何かが欲しい	I'd like something
＋ 食べるための	＋ to eat.

3. メモ帳が欲しい。　**I'd like a memo pad to write on.**

私はメモ帳が欲しい	I'd like a memo pad
＋ 書くための	＋ to write on.

4. あの棚の上の青い帽子が欲しいんですが。　**I'd like the blue hat on that shelf.**

私は青い帽子が欲しい	I'd like the blue hat
＋ あの棚の上の	＋ on that shelf.

ミニ会話 MINI CONVERSATION

A: I'd like something to write on.
何か書く紙が欲しいんだけど。
B: How about this notepad?
このメモ帳はどう？
A: Any paper will do.
どんな紙でもいいよ。

UNIT 72

I'd like to ～
彼に連絡をとりたい

I'd like to +	動詞[原形] +	名詞 +	修飾語句
私は〜したい	連絡する	彼に	
	contact +	**him.**	
	カンタクト	ヒム	
	買いかえる	私の携帯電話を	アイフォーンに
I'd like to +	**replace** +	**my cell** +	**with an iPhone.**
	リプレイス	マイ セォ	ウィズ アナイフォウン
	キャンセルする	私の予約を	
	cancel +	**my reservation.**	
	キャンソォ	マイ リザヴェイシャン	
	換金する	私のトラベラーズチェックを	
	cash +	**my traveler's check.**	
アイド ライクトゥ	キャッシュ	マイ トゥレァヴェラズ チェック	

ポイント POINT

「〜したい」と言うときに・・・

「〜したい」は I want to 〜で表せますが、I'd [=I would] like to 〜とも言えます(こちらの方が穏やかな言い方です)。例えば「ビールが飲みたい」は、I want to drink beer. または I'd like to drink beer. です。

文構築ドリル LISTENING & SPEAKING

1. 彼に連絡をとりたい。　　**I'd like to contact him.**

私は連絡したい	I'd like to contact
＋ 彼に	＋ him.

2. 携帯を iPhone に買いかえたいのですが。　**I'd like to replace my cell with an iPhone.**

私は買いかえたい	I'd like to replace
＋ 私の携帯電話を	＋ my cell
＋ アイフォーンに	＋ with an iPhone.

3. 予約をキャンセルしたいのですが。　**I'd like to cancel my reservation.**

私はキャンセルしたい	I'd like to cancel
＋ 私の予約を	＋ my reservation.

4. トラベラーズチェックを換金したいのですが。　**I'd like to cash my traveler's check.**

私は換金したい	I'd like to cash
＋ 私のトラベラーズチェックを	＋ my traveler's check.

ミニ会話 MINI CONVERSATION

A: I'd like to contact him.
　彼に連絡を取りたいんだ。
B: I don't think he carries a cell.
　携帯は持ち歩いていないと思うわ。
A: It's urgent. Do you know his home number?
　緊急なんだ。彼の自宅の電話番号を知ってるかい？

UNIT 73

Would you like ～ ?
お茶をもう少しいかがですか？

Would you like	+	形容詞	+	名詞	+	修飾語句	?

	あなたは欲しいですか	もっと多くの	お茶が	
		some more +	**tea?**	
		サモア	ティー	
Would you like +	いくらかの	砂糖が	あなたのコーヒーの中に
		some +	**sugar** +	**in your coffee?**
		サム	シュガ	インニュア カフィ
	もう1つの	ひと盛りが	サラダの
	another +	**helping** +	**of salad?**
	アナザ	ヘォピン	アヴ セァラド
	いくらかの	ドレッシングが	サラダの上に
	some +	**dressing** +	**on your salad?**
ウッヂュー ライク	サム	ドゥレシン	オンニュア セァラド

ポイント POINT

相手に物を勧めるときに・・・

「～はいかがですか」と相手に物を勧めるには、Would you like ～ ? と言います。例えば「私はコーヒーが欲しい」は I'd like coffee. 「あなたはコーヒーが欲しいですか」→「コーヒーはいかがですか」は、Would you like coffee? となります。

文構築ドリル LISTENING & SPEAKING

1. お茶をもう少しいかがですか？ — **Would you like some more tea?**

あなたは欲しいですか — Would you like
+ もっと多くのお茶が — + some more tea?

2. コーヒーに砂糖を入れますか？ — **Would you like some sugar in your coffee?**

あなたは欲しいですか — Would you like
+ いくらかの砂糖が — + some sugar
+ あなたのコーヒーの中に — + in your coffee?

3. サラダのお代わりをいかがですか？ — **Would you like another helping of salad?**

あなたは欲しいですか — Would you like
+ もう1つのひと盛りが — + another helping
+ サラダの — + of salad?

4. サラダにドレッシングをおかけしますか？ — **Would you like some dressing on your salad?**

あなたは欲しいですか — Would you like
+ いくらかのドレッシングが — + some dressing
+ サラダの上に — + on your salad?

ミニ会話 MINI CONVERSATION

A: Would you like another helping?
お代わりはいかがですか？
B: No, thanks. I'm full.
いえ、けっこうです。もうお腹がいっぱい。
A: Then, how about dessert?
では、デザートはいかがですか？

UNIT 74 What would you like ～ ?
デザートには何を召しあがりますか？

| 疑問詞 | + | would you like | + | 修飾語句 | ? |

何を	欲しいですか	デザートとして
What +	**would you like** +	**for dessert?**
(ホ)**ワッ**	ウッヂュー **ライク**	フォァ ディ**ザート**
だれのサインを	欲しいですか	
Whose autograph +	**would you like?**	
フーズ **オー**タグレァフ	ウッヂュー **ライク**	
どのように	あなたのコーヒーを してほしいですか	
How +	**would you like your coffee?**	
ハウ	ウッヂュー **ライク** ユア **カフィ**	
どこへ	行きたいですか	東京で
Where +	**would you like to go** +	**in Tokyo?**
(ホ)**ウェア**	ウッヂュー **ライク** トゥ **ゴウ**	イン **トウ**キョウ

ポイント POINT

相手に何が欲しいかを尋ねるには・・・

would you like（あなたは欲しいですか）の前に what などの疑問詞を置いて、さまざまな質問ができます。例えば「だれに会いたいですか」なら、<u>Who</u> would you like to see? と表現できます。

170

文構築ドリル LISTENING & SPEAKING

1. デザートには何を召しあがりますか？
What would you like for dessert?

何を	What
＋ 欲しいですか	＋ would you like
＋ デザートとして	＋ for dessert?

2. 誰のサインが欲しい？
Whose autograph would you like?

だれのサインを	Whose autograph
＋ 欲しいですか	＋ would you like?

・autograph （有名人が色紙などにする）サイン

3. コーヒーはどのように召しあがりますか？
How would you like your coffee?

どのように	How
＋ あなたのコーヒーをしてほしいですか	＋ would you like your coffee?

4. 東京でどこへ行きたいですか？
Where would you like to go in Tokyo?

どこへ	Where
＋ 行きたいですか	＋ would you like to go
＋ 東京で	＋ in Tokyo?

ミニ会話 MINI CONVERSATION

A: How would you like your coffee?
コーヒーはどうやって飲む？

B: With milk and sugar, please.
ミルクと砂糖を入れてね。

A: Sure. Here you are.
わかったよ。はい、どうぞ。

UNIT 75　I want to ～
船旅がしたいな

I want to +	動詞 [原形]	+	修飾語句

私は～したい			
I want to +	旅行する **travel** トゥ**ラ**ヴェオ	+	客船に乗って **on a cruise ship.** オンナ **クルーズ シップ**
	デートする **go out** **ゴウ アウト**	+	彼女と **with her.** ウィズ ハー
	試みる **try** トゥ**ライ**	+	宇宙遊泳を **space walking.** ス**ペ**イス **ウォ**ーキン
	キャンプに行く **go camping** **ゴウ キャ**ムピン	+	山へ **in the mountains.** イン ザ **マ**ウンテンズ
アイ **ワ**ントゥ			

ポイント POINT

「～したい」と言いたいときに・・・

I want to ～は「～したい」の意味を表す基本表現。くだけた言い方として、I wanna（アイワナ）も使われます。「テニスをしたい」は、I want to /I wanna play tennis. 同様に、I'm going to ～ （～予定だ /Unit52）のくだけた言い方は I'm gonna（アイムゴナ）。

172

文構築ドリル LISTENING & SPEAKING

1. 船旅がしたいな。 — **I want to travel on a cruise ship.**

私は旅行したい — **I want to travel**
+ 客船に乗って — **+ on a cruise ship.**

2. 彼女とデートしたい。 — **I want to go out with her.**

私はデートしたい — **I want to go out**
+ 彼女と — **+ with her.**

3. 宇宙遊泳をやってみたいな。 — **I want to try space walking.**

私は試みたい — **I want to try**
+ 宇宙遊泳を — **+ space walking.**

4. 山へキャンプに行きたい。 — **I want to go camping in the mountains.**

私はキャンプに行きたい — **I want to go camping**
+ 山へ — **+ in the mountains.**

ミニ会話 MINI CONVERSATION

A: I want to travel in Europe.
ヨーロッパを旅行したい。

B: I recommend Switzerland for its beauty and nature.
スイスを薦めるわ、美しいし、自然がいいから。

A: Thank you, but I prefer shopping in France or Italy.
ありがとう、でもフランスかイタリアで買い物をする方がいいな。

UNIT 76　I want 人〜
彼に手伝ってほしい

I want	+	人	+	to 動詞[原形]	+	修飾語句

私は望む		彼に	私を手伝うことを	
		him +	**to help me.**	
		ヒム	トゥ ヘォプ ミー	
		あなたに	写真を1枚撮ることを	私たちの
		you +	**to take a photo** +	**of us.**
		ユー	トゥ テイカ フォゥトゥ	アヴァス
I want +		彼女に	この手紙を出すことを	
		her +	**to mail this letter.**	
		ハー	トゥ メイォ ディス レタ	
		私の上司に	時間を守ることを	
		my boss +	**to be punctual.**	
アイ ワント		マイ ボス	トゥ ビー パンクチュアォ	

ポイント POINT

「人に〜してほしい」と言うときは・・・

例えば「私はそこへ行きたい」は I want to go there. ですが、「私はあなたにそこへ行ってほしい（あなたがそこへ行くことを望む）」は I want <u>you</u> to go there. と言います。want の後ろに「人」を置けば、このような意味を表せます。

文構築ドリル LISTENING & SPEAKING

1. 彼に手伝ってほしい。　**I want him to help me.**

私は彼に望む　　　　　　I want him
+ 私を手伝うことを　　　+ to help me.

2. 私たちの写真を1枚撮って　I want you to take a photo of us.
ほしいな。

私はあなたに望む　　　　I want you
+ 写真を1枚撮ることを　+ to take a photo
+ 私たちの　　　　　　　+ of us.

3. 彼女にこの手紙を出して　I want her to mail this letter.
ほしいんだ。

私は彼女に望む　　　　　I want her
+ この手紙を出すことを　+ to mail this letter.

4. 上司には時間を守って　　I want my boss to be punctual.
もらいたい。

私は上司に望む　　　　　I want my boss
+ 時間を守ることを　　　+ to be punctual.

ミニ会話 MINI CONVERSATION

A: I want you to take a photo of us.
私たちの写真を1枚撮ってほしいんだけど。
B: OK.
いいわよ。
A: With that castle in the background, please.
あのお城を背景にしてね。

UNIT 77

I'll 動詞［原形］人〜
宴会に正装するよう彼女に頼んでみるよ

I'll	+	動詞［原形］+人	+	to 動詞［原形］	+	修飾語句
私は〜するつもりだ		彼女に頼む **ask her** エァスク ハー	+	正装することを **to dress formal** トゥ ドゥレス フォーマル	+	宴会のために **for the reception.** フォ ザ リセプシャン
I'll	+	彼に頼む **ask him** エァスク ヒム	+	食卓の支度をするのを **to set the table.** トゥ セット ザ テイブォ		
		だれかに言う **tell someone** テォ サムワン	+	マスターキーを持ってくることを **to bring the master key.** トゥ ブリング ザ メァスタ キー		
アイオ		娘に言う **tell my daughter** テォ マイ ドータ	+	彼女の部屋を整頓することを **to tidy up her room.** トゥ タイディ アプ ハー ルーム		

ポイント POINT

人に何かを頼んだり命じたりするときは・・・

「ask +人+ to +動詞の原形」は「（人）に〜するよう頼む」。対して、「tell +人＋ to +動詞の原形」は「（人）に〜するように言う［命じる］」の意味です。

文構築ドリル LISTENING & SPEAKING

1. 宴会に正装するよう彼女に頼んでみるよ。
I'll ask her to dress formal for the reception.

私は彼女に頼むつもりだ　I'll ask her
+ 正装することを　+ to dress formal
+ 宴会のために　+ for the reception.

2. 食卓の支度をするよう彼に頼みます。
I'll ask him to set the table.

私は彼に頼むつもりだ　I'll ask him
+ 食卓の支度をするのを　+ to set the table.

3. だれかにマスターキーを持ってくるように言います。
I'll tell someone to bring the master key.

私はだれかに言うつもりだ　I'll tell someone
+ マスターキーを持ってくることを　+ to bring the master key.

4. 部屋を整頓するよう娘に言います。
I'll tell my daughter to tidy up her room.

私は娘に言うつもりだ　I'll tell my daughter
+ 彼女の部屋を整頓することを　+ to tidy up her room.

ミニ会話 MINI CONVERSATION

A: Is there anything wrong, ma'am?
どうなさいましたか？

B: I locked myself out of the room.
部屋にカギを忘れて締め出されたんです。

A: I'll tell someone to bring the master key.
だれかにマスターキーを持ってくるように言います。

UNIT 78

I used to ～
以前はヘビースモーカーでした

I used to +	動詞[原形]	+ 名詞	+ 修飾語句
私は以前は〜だった	である **be** ビー	ヘビースモーカー **a heavy smoker.** ア ヘヴィス ス**モウ**カ	
	好む **like** ライク	ホラー映画を **horror movies.** ハラ ムーヴィーズ	
I used to +	住む **live** リヴ		ニューヨークに **in New York.** イン **ニュー ヨ**ァク
	競技する **play** プレィ	サッカーを **soccer** **サッ**カ	プロのチームで **on a professional team.** オンナ プラ**フェ**シャナオ ティーム
アイ ユースタ			

ポイント POINT

「以前は〜だった（が今は違う）」と言うときは・・・

used to 〜は「以前は〜だった」という意味。例えば He used to be poor. なら「彼は以前は貧乏だった（けれど今はそうではない）」という意味になります。

178

文構築ドリル LISTENING & SPEAKING

1. 以前はヘビースモーカーでした。 **I used to be a heavy smoker.**

私は以前は〜であった	I used to be
+ ヘビースモーカー	+ a heavy smoker.

2. 以前はホラー映画が好きでした。 **I used to like horror movies.**

私は以前は好きだった	I used to like
+ ホラー映画を	+ horror movies.

3. 以前ニューヨークに住んでいました。 **I used to live in New York.**

私は以前は住んでいた	I used to live
+ ニューヨークに	+ in New York.

4. 以前プロのチームでサッカーをやっていました。 **I used to play soccer on a professional team.**

私は以前は競技していた	I used to play
+ サッカーを	+ soccor
+ プロのチームで	+ on a professional team.

ミニ会話 MINI CONVERSATION

A: I used to live in New York.
以前ニューヨークに住んでいました。
B: What did you do there?
そちらでは何をしておられましたか？
A: I was an art student.
美術科の学生でした。

UNIT 79

I've ～
たった今昼食を食べました

I've	+	(副詞 +) 動詞[過去分詞]	+	名詞 / 動詞[ing]	+	修飾語句

私は～した	たった今食べた	昼食を	
	just had +	**lunch.**	
	チャスト ヘァド	ランチ	
	終えた	食卓の片付けを	
	finished	**clearing the table.**	
I've +	フィニッシュト	クリアリン ザ テイブォ	
	試した	あの料理を	タイで
	tried +	**that dish** +	**in Thailand.**
	ヘァド	ザッ ディッシュ	イン タイランド
	もう注文した	その本を	オンラインで
	already ordered +	**the book** +	**online.**
アイヴ	オーレディ オァダド	ザ ブック	オンライン

ポイント POINT

「もう～してしまった」と言うときは・・・

「今では～してしまっている」の意味は、「I've ＋動詞の過去分詞」で表します。例えば I've (already) finished my work. は、「(もう) 仕事は終わった (から遊びに行こう)」のような状況で使います。just は「たった今」の意味です。

文構築ドリル LISTENING & SPEAKING

1. たった今昼食を食べました。 I've just had lunch.

私はたった今食べた	I've just had
+ 昼食を	+ lunch.

2. 食卓の片付けは終わりました。 I've finished clearing the table.

私は終えた	I've finished
+ 食卓の片付けを	+ clearing the table.

・clear きれいにする

3. タイであの料理を試したよ。 I've tried that dish in Thailand.

私は試した	I've tried
+ あの料理を	+ that dish
+ タイで	+ in Thailand.

4. その本はもうオンラインで注文しました。 I've already ordered the book online.

私はもう注文した	I've already ordered
+ その本を	+ the book
+ オンラインで	+ on-line.

ミニ会話 MINI CONVERSATION

A: Did you know her latest work is coming out next week?
彼女の最新作が来週発売になるのを知ってるかい？

B: I've already ordered the book on-line.
その本はもうオンラインで注文したわ。

A: Me too. I can't wait.
ぼくもだ。待ちきれないよ。

UNIT 80

I've ～
私は 10 年間 2 つのコンビニを経営してきた

I've	+	動詞 [過去分詞]	+	修飾語句

私はずっと～してきた			
	2 つのコンビニを経営する		10 年間
I've +	**run two convenience stores** ラン トゥ カンヴィニエンストァ	+	**for ten years.** フォア テンニヤズ
	彼を知っている		私たちが子どもの頃から
	known him ノウン ヒム	+	**since we were children.** スィンス ウィワー チォドゥレン
	この会社で働く		1988 年以来
	worked for this company ワークト フォァディス カムパニ	+	**since 1988.** スィンス ナィンティーン エイティエイト
	化学を教える		5 年間
	been a chemistry teacher ビーンナ ケミストリー ティーチャ	+	**for 5 years.** フォア ファイヴ イヤーズ
アイヴ			

ポイント POINT

「以前からずっと～だ」と言いたいときに・・・

この意味で I've ～の形を使うときは、しばしば for（～の間）や since（～以来）を伴います。例えば、I've been busy for a week [since last week]. で「私は 1 週間 [先週から] ずっと忙しい」の意味になります。

182

文構築ドリル LISTENING & SPEAKING

1. 私は10年間2つのコンビニを経営してきた。
I've run two convenience stores for 10 years.

私はずっと2つのコンビニを経営してきた
I've run two convenience stores

+ 10年間
+ for ten years.

2. 子供の頃から彼を知っています。
I've known him since we were children.

私はずっと彼を知っている
I've known him

+ 私たちが子どもの頃から
+ since we were children.

3. 私はこの会社で1988年以来働いてきたよ。
I've worked for this company since 1988.

私はずっとこの会社で働いてきた
I've worked for this company

+ 1988年以来
+ since 1988.

4. 化学を5年間教えています。
I've been a chemistry teacher for 5 years.

私はずっと化学を教えてきた
I've been a chemistry teacher

+ 5年間
+ for 5 years.

・chemistry teacher　化学の教師

ミニ会話 MINI CONVERSATION

A: Do you teach here?
あなたはここの先生ですか？

B: Yes. I've been a chemistry teacher for 5 years.
ええ、化学を5年教えています。

A: Oh, I was terrible in Chemistry in high school.
高校で化学は苦手でした。

UNIT 81　I've been ～
1時間彼を待っているところです

I've been +	動詞 [ing]	+	修飾語句

私はずっと〜している	彼を待っている	1時間
	waiting for him	**+ for an hour.**
	ウェイティン フォァ ヒム	フォァランナウア
	パーティーの準備をしている	先週から
	preparing for the party	**+ since last week.**
I've been +	プリペアリン フォァ ザ パァティ	スィンス ラスト ウィーク
	この会社に勤めている	20年以上
	working for this company	**+ over 20 years.**
	ワーキン フォァ ディス カムパニ	オウヴァ トゥウェニ イヤズ
	データをチェックしている	2時間
	checking the data	**+ for two hours.**
アイヴ ビン	チェッキン ザ デイタ	フォァ トゥ アウアズ

ポイント POINT

「以前からずっと〜し続けている」と言いたいときに・・・

例えば「10年間ずっとここで働いている」は、I've worked here for ten years. とも言えますが、下線部を I've been working と言うこともできます。過去から今までずっと続いていることを表す言い方です。

184

文構築ドリル LISTENING & SPEAKING

1. 1時間彼を待っているところです。 / I've been waiting for him for an hour.

| 私はずっと彼を待っている | I've been waiting for him |
| + 1時間 | + for an hour. |

2. 先週からずっとパーティーの準備をしています。 / I've been preparing for the party since last week.

| 私はずっとパーティーの準備をしている | I've been preparing for the party |
| + 先週から | + since last week. |

3. この会社に20年以上勤めています。 / I've been working for this company over 20 years.

| 私はずっとこの会社に勤めている | I've been working for this company |
| + 20年以上 | + over 20 years. |

4. 2時間もずっとデータをチェックしているんだ。 / I've been checking the data for two hours.

| 私はずっとデータをチェックしている | I've been checking the data |
| + 2時間 | + for two hours. |

ミニ会話 MINI CONVERSATION

A: I've been preparing for the party since this morning.
朝からずっとパーティーの準備をしているの。

B: Shall I help you?
手伝おうか？

A: Thank you. Would you carry the food to the table?
ありがとう。料理をテーブルへ運んでくれる？

UNIT 82 I haven't ～
まだホテルにチェックインしていません

I haven't +	動詞[過去分詞] +	修飾語句 +	修飾語句
私はまだ〜していない	チェックインした **checked in** チェックティン	ホテルに **at the hotel** アット ザ ホウテォ	まだ **yet.** イエット
I haven't アイ ヘァヴント	決心した **made up my mind** メイド アップ マイ マインド		まだ **yet.** イエット
	返事をもらった **got the answer** ガット ジ アンサ	彼から **from him.** フラム ヒム	
	この件を話した **discussed this issue** ディスカスト ディス イシュー	上司と **with my boss** ウィズ マイ ボス	まだ **yet.** イエット

ポイント POINT

「まだ〜していない」と言うときは・・・

例えば「もうチェックインしました」は、I've (already) checked in. 。「まだチェックインしていません」は、I haven't checked in (yet). と言います。yet は not とともに使い、「まだ（〜していない）」の意味を表します。

186

文構築ドリル LISTENING & SPEAKING

1. まだホテルにチェックインしていません。
I haven't checked in at the hotel yet.

私はチェックインしていない / I haven't checked in
 + ホテルに / + at the hotel
 + まだ / + yet.

2. まだ決めてないよ。
I haven't made up my mind yet.

私は決心していない / I haven't made up my mind
 + まだ / + yet.

・make up one's mind　腹を決める

3. 彼からはまだ返事が来てないんだ。
I haven't got the answer from him.

私は返事をもらっていない / I haven't got the answer
 + 彼から / + from him.

4. 上司とこの件をまだ話していないんだ。
I haven't discussed this issue with my boss yet.

私はこの件を話していない / I haven't discussed this issue
 + 上司と / + with my boss
 + まだ / + yet.

・issue　問題（点）

ミニ会話 MINI CONVERSATION

A: I haven't checked in at the hotel.
まだホテルにチェックインしていないの。
B: You should check in by 10, or your reservation will be cancelled.
10時までにチェックインする方がいいよ、でないと予約を取り消されるから。
A: OK. I will.
わかった。そうするわ。

UNIT 83

Have you (ever) 〜 ?
京都を訪れたことがありますか？

Have you (ever) + 動詞[過去分詞] + 名詞 ?

あなたは（今までに）〜したことがありますか			
	訪れた		京都を
Have you (ever) +	**visited**	+	**Kyoto?**
	ヴィズィティド		キョウト
	試した		刺身を
	tried	+	**sashimi?**
	トゥライド		サシミ
	乗った		あのジェットコースターに
	ridden	+	**that roller coaster?**
	リドゥン		ザット ロウラコウスタ
	見た		日本のアニメを
	seen	+	**Japanese animation?**
ヘァヴユー（**エヴァ**）	スィーン		ヂャパニーザニメイシャン

ポイント POINT

「〜した経験がありますか」と尋ねるときに・・・

ever は「今までに」の意味で、省略してもかまいません。例えば Have you ever eaten natto?（今までに納豆を食べたことがありますか）に対しては、Yes, I have.（ええ、あります）または No, I haven't.（いいえ、ありません）と答えます。

文構築ドリル LISTENING & SPEAKING

1. 京都を訪れたことがありますか？　**Have you ever visited Kyoto?**

あなたは今までに訪れたことがありますか	Have you ever visited
＋京都を	＋ Kyoto?

2. 刺身を食べたことがありますか？　**Have you ever tried sashimi?**

あなたは今までに試したことがありますか	Have you ever tried
＋刺身を	＋ sashimi?

3. あのジェットコースターに乗ったことがありますか？　**Have you ridden that roller coaster?**

あなたは乗ったことがありますか	Have you ridden
＋あのジェットコースターに	＋ that roller coaster?

4. 日本のアニメを見たことがありますか？　**Have you seen Japanese animation?**

あなたは見たことがありますか	Have you seen
＋日本のアニメを	＋ Japanese animation?

ミニ会話 MINI CONVERSATION

A: Have you ever visited Kyoto?
今までに京都を訪れたことがありますか？

B: Yes, I have. I went there three times.
ええ。3回行きました。

A: Which place impressed you the most?
どの場所が一番印象に残りましたか？

UNIT 84

I've never ～
韓国へは行ったことがありません

I've never +	動詞［過去分詞］	+	修飾語句
私は〜したことがない	行った **been** ビン	+	韓国へ **to Korea.** トゥ カリーア
I've never +	飛んだ［飛行機に乗った］ **flown** フロウン	+	一生のうちで **in my life.** イン マイ ライフ
	スピーチをした **made a speech** メイダ スピーチ	+	人前で **in public.** イン パブリック
アイヴ ネヴァ	歌った **sung** サング	+	カラオケで **at karaoke.** アット キャリオキ

ポイント POINT

「〜した経験がない」と言いたいときに・・・

never は「今までに一度も〜ない」の意味。「〜へ行ったことがない」は I've never been to 〜と言います。「アメリカへ行ったことはありません」なら、I've never been to America. となります。

文構築ドリル LISTENING & SPEAKING

1. 韓国へ行ったことがありません。
I've never been to Korea.

私は行ったことがない	I've never been
＋ 韓国へ	＋ to Korea.

2. ぼくは今まで飛行機に乗ったことがない。
I've never flown in my life.

私は飛んだことがない	I've never flown
＋ 一生のうちで	＋ in my life.

・flown　fly の過去分詞

3. 人前でスピーチしたことは一度もありません。
I've never made a speech in public.

私はスピーチをしたことがない	I've never made a speech
＋ 人前で	＋ in public.

4. カラオケで歌ったことは一度もありません。
I've never sung at karaoke.

私は歌ったことがない	I've never sung
＋ カラオケで	＋ at karaoke.

ミニ会話 MINI CONVERSATION

A: I've never flown in my life.
今まで飛行機に乗ったことがないの。

B: Really? Haven't you ever traveled abroad?
本当に？ 外国旅行をしたことが一度もないの？

A: Yes, I have. I went to Taiwan by ship.
いえ、あるわ。船で台湾に行ったの。

UNIT 85

He/She is 形容詞～
彼女は折り紙が上手だ

He/She is	+ 形容詞	+ 前置詞 + 名詞	+ 修飾語句

彼／彼女は〜です

He/She is +

	形容詞	前置詞＋名詞	修飾語句
上手だ	**good** グッド	折り紙を折るのが **at making origami.** アット メイキン オリガミ	
下手だ	**poor** プア	パソコンを使うのが **at working on a computer.** アット ワーキン オンナ カムピュータ	
		株のオンライン取引に熱中している **really into on-line stock trading.** リアリ イントゥ オンライン スタック トゥレィディン	
確信している	**sure** シュア	成功を **of her success** アヴ ハー サクセス	商売での **in business.** イン ビズィネス

ヒー／シー イズ

ポイント POINT

「〜するのが上手だ」などの意味を表すには・・・

形容詞の後ろに前置詞を置く、決まった形があります。例えば I'm good <u>at</u> singing. は「私は歌が得意だ」、He was absent <u>from</u> school.（彼は学校を欠席した）のように、使う前置詞はそれぞれ決まっています。

192

文構築ドリル LISTENING & SPEAKING

1. 彼女は折り紙が上手だ。　She is good at making origami.

彼女は上手です　　　　　She is good
　+ 折り紙を折るのが　　　　+ at making origami.

2. 彼はパソコンを使うのが下手だ。　He is poor at working on a computer.

彼は下手です　　　　　　He is poor
　+ パソコンを使うのが　　　+ at working on a computer.

3. 彼は株のオンライン取引に熱中している。　He is really into on-line stock trading.

彼は〜です　　　　　　　He is
　+ 株のオンライン取引に熱中して　+ really into on-line stock trading.

4. 彼女は商売での成功を確信している　She is sure of her success in business.

彼女は確信しています　　She is sure
　+ 成功を　　　　　　　　+ of her success
　　+ 商売での　　　　　　　　+ in business.

ミニ会話 MINI CONVERSATION

A: I'm sick and tired of inputting data.
データをタイプ入力するのにはうんざりよ。

B: Why don't you ask Lisa help you?
リサに手伝ってくれるよう頼んだら？

A: She is poor at working on a computer.
彼女はパソコンを使うのが下手なのよ。

UNIT 86

I'm 分詞形容詞～
私はアメリカの歴史に興味があります

I'm	+	分詞形容詞	+	前置詞 + 名詞
私は〜です		興味がある		アメリカの歴史に
		interested	+	**in American history.**
		イナレスティッド		イナメリカン ヒストリ
		満足している		私の現在の地位に
I'm	+	**satisfied**	+	**with my present post.**
		セアティスファイド		ウィズ マイ プレゼント ポウスト
		飽きている		この仕事に
		bored	+	**with this job.**
		ボァド		ウィズ ディス チャブ
		驚いている		その知らせに
		surprised	+	**at the news.**
アイム		サプライズド		アット ザ ニューズ

ポイント POINT

自分の気持ちなどを表すときに・・・

I'm の後ろに感情を表す（動詞の過去分詞から派生した）形容詞を置く形（excited「興奮している」、disappointed「失望している」、shocked「ショックを受けている」など）。その後ろに置く前置詞（at、with、in など）はそれぞれ決まっています。

文構築ドリル LISTENING & SPEAKING

1. 私はアメリカの歴史に興味があります。
I'm interested in American history.

私は興味があります
+ アメリカの歴史に

I'm interested
+ in American history.

---

2. 私は現在の地位に満足している。
I'm satisfied with my present post.

私は満足しています
+ 私の現在の地位に

I'm satisfied
+ with my present post.

---

3. 私はこの仕事に飽き飽きしている。
I'm bored with this job.

私は飽きています
+ この仕事に

I'm bored
+ with this job.

---

4. 私はその知らせに驚いている。 **I'm surprised at the news.**

私は驚いています
+ その知らせに

I'm surprised
+ at the news.

ミニ会話 MINI CONVERSATION

A: I'm interested in American history.
私はアメリカの歴史に興味があります。

B: Do you know the name of the first U.S. president?
米国の初代大統領が誰だか知っていますか？

A: Yes. George Washington.
ええ。ジョージ・ワシントンですね。

UNIT 87　He'll/She'll be ～
彼女は部長代理に昇進だろう

He'll / She'll be + 動詞[過去分詞] + 修飾語句

He'll / She'll be		
彼は／彼女は〜だろう	昇進させられる **promoted** プロ**モウ**ティド	部長代理に **to assistant manager.** トゥ ア**スィ**スタント メ**ア**ニヂャ
	選ばれる **elected** エ**レ**クティド	議長に **as the chairman.** アズ ザ **チェア**マン
	罰金を科される **fined** **ファ**インド	スピード違反に対して **for speeding.** フォア ス**ピー**ディン
	喜ばされる **pleased** プ**リー**ズド	君のプレゼントで **with your present.** ウィヂュア プ**レ**ズント

ヒーォ／シーォ ビー

ポイント POINT

「〜されるだろう」という意味を表すときに・・・

「〜される」という受け身の意味を表すには、〈be+ 動詞の過去分詞〉の形を使います。その前に未来を表す will を置いた形。例えば「彼はくびにされた」は He was fired.「彼はくびにされるだろう」は He will be fired. と言います。

文構築ドリル LISTENING & SPEAKING

1. 彼女は部長代理に昇進だろう。**She'll be promoted to assistant manager.**

彼女は昇進させられるだろう She'll be promoted
+ 部長代理に + to assistant manager.

2. 彼が議長に選ばれるだろう。 He'll be elected as the chairman.

彼は選ばれるだろう He'll be elected
+ 議長に + as the chairman.

3. 彼はスピード違反で罰金を取られるだろう。 He'll be fined for speeding.

彼は罰金を科されるだろう He'll be fined
+ スピード違反に対して + for speeding.

4. 彼女は君のプレゼントを喜ぶだろう。 She'll be pleased with your present.

彼女は喜ばされるだろう She'll be pleased
+ 君のプレゼントで + with your present.

ミニ会話 MINI CONVERSATION

A: Don't you think Ms. Kotani is an efficient employee?
小谷さんは優秀な社員だと思わない？

B: Yes, I think so.
うん、そうだね。

A: She'll be promoted to assistant manager.
彼女は部長代理に昇進するわね。

UNIT 88　I had 〜
駐輪場で自転車を盗まれちゃった

CD Number

I had	+	my 名詞	+	動詞 [過去分詞]	+	修飾語句

私は〜された／ してもらった	自転車を **my bike** マイ バイク	盗まれた + **stolen** ストウルン	自転車置き場で + **at the bicycle shed.** アット ザ **バ**イシクォ **シェ**ド
I had +	運転免許を **my driver's license** マイ ドゥ**ラ**イヴァズ **ラ**イサンス	一時停止された + **suspended.** サス**ペ**ンディド	
	写真を **my picture** マイ **ピ**クチャ	撮影してもらった + **taken** **テ**イクン	ガイドさんに + **by the tour guide.** バイ ザ **トゥ**ア **ガ**イド
アイ ヘァド	手荷物を **my luggage** マイ **ラ**ゲッジ	運んでもらった + **carried.** **キャ**リイド	

ポイント POINT

「自分の持ち物を〜された」と言うときは・・・

「I had my ○○＋動詞の過去分詞」の形で「私は自分の○○を〜された／してもらった」という意味を表します。どちらの意味になるかは、文脈から判断しましょう。なお、had の代わりに got も使えます。

198

文構築ドリル LISTENING & SPEAKING

1. 駐輪場で自転車を盗まれちゃった。
I had my bike stolen at the bicycle shed.

私は自転車を
+ 盗まれた
  + 自転車置き場で

I had my bike
+ stolen
  + at the bicycle shed.

2. 免停になったよ。
I had my driver's license suspended.

私は運転免許を
+ 一時停止された

I had my driver's license
+ suspended.

3. ガイドさんに写真を撮ってもらった。
I had my picture taken by the tour guide.

私は写真を
+ 撮影してもらった
  + ガイドさんに

I had my picture
+ taken
  + by the tour guide.

4. 手荷物を運んでもらいました。**I had my luggage carried.**

私は手荷物を
+ 運んでもらった

I had my luggage
+ carried.

ミニ会話 MINI CONVERSATION

A: I had my bike stolen at the bicycle shed.
自転車置き場で自転車を盗まれちゃった。
B: Had you locked it?
カギはかけてたの？
A: No. I should have been more careful.
いいえ。もっと注意すべきだったわ。

UNIT 89

Thank you for 〜
パーティーに招待してくれてありがとう

Thank you for +	動詞 [ing]	+	修飾語句

〜してくれて ありがとう	私を招待する **inviting me** インヴァイティン ミー	+	パーティーに **to the party.** トゥ ザ パァティ
Thank you for +	私を助ける **helping me** ヘォピン ミー	+	食器を洗うのを **with the dishes.** ウィズ ザ ディシス
サンキュー フォア	来る **coming** カミン	+	わざわざ **all the way.** オー ザ ウェイ
	私に席を与える **giving me your seat** ギヴィン ミー ユア スィート	+	電車の中で **in the train.** イン ザ トゥレイン

ポイント POINT

相手に感謝するときに・・・

「ありがとう」は Thank you. その後ろに for を置いて、相手の何に対して感謝しているかを表すことができます。例えば「忠告をありがとう」は Thank you for your advice. と表現できます。for の後ろに ing 形を置くと、「〜してくれてありがとう」の意味になります。

文構築ドリル LISTENING & SPEAKING

1. パーティーに招待してくれてありがとう。 — Thank you for inviting me to the party.

私を招待してくれてありがとう — Thank you for inviting me
+ パーティーに   + to the party.

2. 食器を洗うのを手伝ってくれてありがとう。 — Thank you for helping me with the dishes.

私を助けてくれてありがとう — Thank you for helping me
+ 食器を洗うのを   + with the dishes.

3. わざわざ来てくれてありがとう。 — Thank you for coming all the way.

来てくれてありがとう — Thank you for coming
+ わざわざ   + all the way.

4. 電車の中で席を譲ってくれてありがとう。 — Thank you for giving me your seat in the train.

私に席を与えてくれてありがとう — Thank you for giving me your seat
+ 電車の中で   + in the train.

ミニ会話 MINI CONVERSATION

A: Thank you for inviting me to the party.
パーティーに招待してくれてありがとう。

B: It's my pleasure.
どういたしまして。

A: I'm looking forward to seeing your family.
ご家族にお会いできるのを楽しみにしているわ。

UNIT 90　I'm sorry ～
この本の返却が遅れてごめんなさい

I'm sorry +	人 +	動詞 +	修飾語句
すみません	私が	遅れる	この本を返却するのに
I'm sorry	I	am late	in returning this book.
	アイ	アム レイト	イン リターニン ディス ブック
	私が	ゴールを決められなかった	決勝戦で
	I	couldn't score any goals	in the final.
	アイ	クドゥント スコア エニ ゴウォズ	イン ザ ファイナォ
	私が	約束を破った	何度も
	I	broke my promise	so many times.
	アイ	ブロウク マイ プラミス	ソウ メニ タイムズ
	私の息子が	迷惑をかけた	学校で
	my son	caused trouble	at school.
アイム ソーリ	マイ サン	コーズド トゥラブォ	アット スクーォ

ポイント POINT

相手にあやまるときに・・・

日本語の「すみません」はいろんな状況で使われますが、英語の I'm sorry はあやまる場合に使います。「ちょっとすみません」と人を呼び止めるような状況では Excuse me. 相手に何かをしてもらったときに言う「どうもすみません」は Thank you. で表します。

文構築ドリル LISTENING & SPEAKING

1. この本の返却が遅れてごめんなさい。
I'm sorry I'm late in returning this book.

すみません	I'm sorry
+ 私が遅れる	+ I'm late
+ この本を返却するのに	+ in returning this book.

2. 決勝戦でゴールを決めることができなくてごめんなさい。
I'm sorry I couldn't score any goals in the final.

すみません	I'm sorry
+ 私がゴールを決められなかった	+ I couldn't score any goals
+ 決勝戦で	+ in the final.

・score 得点する

3. 何度も約束を破って申し訳ありません。
I'm sorry I broke my promise so many times.

すみません	I'm sorry
+ 私が約束を破った	+ I broke my promise
+ 何度も	+ so many times.

4. 学校で息子がご迷惑をおかけしてすみません。
I'm sorry my son caused trouble at school.

すみません	I'm sorry
+ 私の息子が迷惑をかけた	+ my son caused trouble
+ 学校で	+ at school.

ミニ会話 MINI CONVERSATION

A: I'm sorry I'm late. I got caught in a traffic jam.
遅れてごめん。交通渋滞に巻き込まれたの。

B: I just got here, too.
僕もたった今来たところだよ。

A: OK. Let's get going.
じゃ、行きましょう。

UNIT 91　He/She seems 〜
彼は酔っているようだ

He/She seems +	to 動詞[原形] +	形容詞/名詞
彼は／彼女は〜らしい	〜である **to be** トゥ ビー	酔っている **drunk.** ドゥランク
	〜である **to be** トゥ ビー	お金がない **broke.** ブロウク
	好む **to like** トゥ ライク	日本のめん類を **Japanese noodles.** ヂャパニーズ ヌードルズ
	持つ **to have** トゥ ヘアヴ	恋人を **a boyfriend.** ア ボイフレンド

ヒー／シー スィームズ

ポイント POINT

「〜らしい」と言いたいときに・・・
例えば「彼は病気らしい」は、He looks sick. または He seems sick. で表せます。両者の違いとしては、彼の外見から判断した場合は主に look を使い、「うわさによると・・・」というような状況では seem を使います。

文構築ドリル LISTENING & SPEAKING

1. 彼は酔っているようだ。 **He seems to be drunk.**

彼は〜であるらしい　　　He seems to be
+ 酔っている　　　　　　+ drunk.

2. 彼女はお金がないみたいだ。 **She seems to be broke.**

彼女は〜であるらしい　　She seems to be
+ お金がない　　　　　　+ broke.

3. 彼は日本のめん類が好きなようだ。 **He seems to like Japanese noodles.**

彼は好むらしい　　　　　He seems to like
+ 日本のめん類を　　　　+ Japanese noodles.

4. 彼女には恋人がいるらしい。 **She seems to have a boyfriend.**

彼女は持つらしい　　　　She seems to have
+ 恋人を　　　　　　　　+ a boyfriend.

ミニ会話 MINI CONVERSATION

A: He seems to be drunk.
彼は酔っているようだ。
B: Shall I call a taxi?
タクシーを呼びましょうか？
A: I'll take him home in my car.
ぼくが車で家まで送って行くよ。

UNIT 92

I forgot to ～
ゆうべ目覚ましをセットし忘れた

I forgot to +	動詞 [原形]	+	修飾語句
私は～し忘れた	フィルムを入れる		カメラの中に
	load the film	+	**in my camera.**
	ロウド ザ フィルム		イン マイ キャミラ
	値札をはがす		箱の
	take off the price tag	+	**on the box.**
I forgot to	テイコフ ザ プライス テァグ		オン ザ バクス
	目覚ましをセットする		ゆうべ
	set the alarm	+	**last night.**
	セット ジ アラァム		ラスト ナイト
	その番組を録画する		ビデオに
	record the program	+	**on video.**
アイ ファガット トゥ	リコァド ザ プロウグラム		オン ヴィディオウ

ポイント POINT

やるべきことをし忘れた場合に・・・

「ついうっかりして～し忘れてしまった」という場合には、I forgot to ～の形を使います。この形に関連して、Don't forget to ～（忘れずに～しなさい）という形も覚えておきましょう。

文構築ドリル LISTENING & SPEAKING

1. カメラにフィルムを入れ忘れたよ。
I forgot to load the film in my camera.

私はフィルムを入れ忘れた	I forgot to load the film
+ カメラの中に	+ in my camera.

2. 箱の値札をはがし忘れちゃった。
I forgot to take off the price tag on the box.

私は値札をはがし忘れた	I forgot to take off the price tag
+ 箱の	+ on the box.

・take off 取り除く

3. ゆうべ目覚ましをセットし忘れた。
I forgot to set the alarm last night.

私は目覚ましをセットし忘れた	I forgot to set the alarm
+ ゆうべ	+ last night.

4. その番組をビデオに録画し忘れた。
I forgot to record the program on video.

私はその番組を録画し忘れた	I forgot to record the program
+ ビデオに	+ on video.

ミニ会話 MINI CONVERSATION

A: Did you see the documentary on TV last Sunday?
先週の日曜日にテレビのドキュメンタリーを見た？

B: No. I forgot to record the program on video.
いいえ。その番組はビデオに録画し忘れたの。

A: I'll copy my video for you.
僕のビデオをダビングしてあげる。

UNIT 93　I'm 形容詞〜
お目にかかれてうれしいです

I'm	+	形容詞	+	to 動詞[原形]	+	修飾語句

私は〜です		うれしい		あなたに会えて		
		glad グレァド	+	**to see you.** トゥ スィー ユー		
		うれしい		あなたと仕事をして		再び
I'm	+	**happy** ヘァピ	+	**to work with you** トゥ ワーク ウィヂュー	+	**again.** アゲイン
		悲しい		その知らせを聞いて		
		sad セァド	+	**to hear the news.** トゥ ヒア ザ ニューズ		
		安心している		私の健康診断の結果を知って		
アイム		**relieved** リリーヴド	+	**to learn my checkup results.** トゥ ラーン マイ チェカップ リザォツ		

ポイント POINT

「〜してうれしい」などの意味を表すには・・・

「うれしい」「悲しい」などの後ろに「to ＋動詞の原形」を置くと、「〜して・・・の気持ちだ」の意味を表すことができます。Glad/Nice to meet you.（はじめまして）などの表現も、もともとこの形からきたものです。

208

文構築ドリル LISTENING & SPEAKING

1. お目にかかれてうれしいです。**I'm glad to see you.**

私はうれしいです	I'm glad
+ あなたに会えて	+ to see you.

2. また仕事がご一緒できてうれしいです。 **I'm happy to work with you again.**

私はうれしいです	I'm happy
+ あなたと仕事をして	+ to work with you
+ 再び	+ again.

3. その知らせを聞いて悲しく思います。 **I'm sad to hear the news.**

私は悲しいです	I'm sad
+ その知らせを聞いて	+ to hear the news.

4. 健康診断の結果を知ってほっとしました。 **I'm relieved to learn my checkup results.**

私は安心しています	I'm relieved
+ 私の健康診断の結果を知って	+ to learn my checkup results.

ミニ会話 MINI CONVERSATION

A: I'm relieved to learn my results of the checkup.
健康診断の結果を知ってほっとしたよ。
B: Did you get good results?
いい結果が出たの？
A: Yes. I escaped being labeled as obese.
うん。「肥満」のレッテルを貼られるのを免れたんだ。

UNIT 94　It's 〜
今日は曇っています

It's	+	名詞 / 形容詞	+	修飾語句
〜です		曇っている		今日は
		cloudy +		**today.**
		クラウディ		トゥデイ
		暗い		外は
		dark +		**outside.**
It's +		ダァク		アウトサイド
		5分		6時になるまで
		five minutes +		**to six.**
		ファイヴ ミニッツ		トゥ スィクス
		約10分		歩いて
		about ten minutes +		**on foot.**
イッツ		アバウト テンミニッツ		オン フット

ポイント POINT

天気などを表すときに・・・

天気・日時・距離・明暗などを表すときは、it で文を始めます。この it は「それは」とは訳しません。例えば「雨が降った」は It rained.、「今日は日曜日だ」は It's Sunday today.、「暗くなってきた」は It's getting dark. と言います。

文構築ドリル LISTENING & SPEAKING

1. 今日は曇っています。　**It's cloudy today.**

（天候は）曇っています　　It's cloudy
+ 今日は　　　　　　　　+ today.

2. 外は暗いよ。　**It's dark outside.**

（明暗は）暗いです　　It's dark
+ 外は　　　　　　　+ outside.

3. 6時5分前[5時55分]だ。　**It's five minutes to six.**

（時刻は）5分です　　　It's five minutes
+ 6時になるまで　　　+ to six.

4. 歩いて約10分です。　**It's about ten minutes on foot.**

（距離は）約10分です　　It's about ten minutes
+ 歩いて　　　　　　　+ on foot.

ミニ会話 MINI CONVERSATION

A: Do you have the time?
今、何時？
B: It's five minutes to six.
6時5分前よ。
A: Oh, no! I've missed my favorite animation!
しまった！　大好きなアニメを見逃しちゃった！

UNIT 95 It's 形容詞〜
彼を説得するのは難しいです

It's	+	形容詞	+	to 動詞 [原形]	+	修飾語句

〜です		難しい		彼を説得することは		
		difficult +		**to change his mind.**		
		ディフィカォト		トゥ チェインヂ ヒズ マインド		
It's +		大切だ		自然を守ることは		
		important +		**to preserve nature.**		
		イムポァタント		トゥ プリザーヴ ネイチャ		
		必要だ		エネルギーを節約することは		
		necessary +		**to save energy.**		
		ネササリ		トゥ セイヴ エナヂ		
		簡単だ		ルールを覚えることは		このゲームの
		easy +		**to learn the rules** +		**of this game.**
イッツ		イーズィ		トゥ ラーン ザ ルーォズ		アヴ ディス ゲイム

ポイント POINT

「〜するのは・・・だ」の意味を表すには・・・

「It's +形容詞+ to +動詞の原形」の形で「〜するのは・・・だ」の意味を表します。この It は、後ろの「to +動詞の原形」を受けるので、「それは」とは訳しません。後ろから意味を解釈するようにします。

文構築ドリル LISTENING & SPEAKING

1. 彼を説得するのは難しいです。   **It's difficult to change his mind.**

| 難しいです | It's difficult |
| + 彼を説得することは | + to change his mind. |

・change one's mind　気が変わる、心を変える

2. 自然を守ることは大切だ。   **It's important to preserve nature.**

| 大切です | It's important |
| + 自然を守ることは | + to preserve nature. |

3. エネルギーを節約することが必要だ。   **It's necessary to save energy.**

| 必要です | It's necessary |
| + エネルギーを節約することは | + to save energy. |

4. このゲームのルールを覚えるのは簡単だ。   **It's easy to learn the rules of this game.**

簡単です	It's easy
+ ルールを覚えることは	+ to learn the rules
+ このゲームの	+ of this game.

ミニ会話 MINI CONVERSATION

A: I seldom play video games.
僕、テレビゲームはめったにやらない。

B: It's easy to learn the rules of this game.
このゲームのルールを覚えるのは簡単よ。

A: OK. I'll try.
そうか。やってみるよ。

UNIT 96

I'll 動詞[原形] 人〜
値引きしますよ

I'll	+ 動詞[原形]+人	+ 物
私は〜つもりだ	あなたに与える	値引きを
	give you	**a discount.**
	ギヴ ユー	ァ **ディ**スキャウント
	あなたに貸す	私の傘を
I'll	**lend you**	**my umbrella.**
	レンヂュー	マイ アムブ**レ**ラ
	彼に送る	メールを
	send him	**an e-mail.**
	センド ヒム	ア **ニー**メイォ
	あなたに示す	座席の倒し方を
	show you	**how to recline your seat.**
アイォ	**ショ**ウ ユー	**ハウ** トゥ リク**ライ**ンニュア ス**ィー**ト

ポイント POINT

人に何かをあげたりするときに・・・

〈人 + 物〉の順序を入れ替えると、〈物 + to/for + 人〉になります。例えば Send me an e-mail.（ぼくにメールを送ってよ）は、Send an e-mail to me. と言いかえることができます。

文構築ドリル LISTENING & SPEAKING

1. 値引きしますよ。   **I'll give you a discount.**

私はあなたに与えるつもりだ	I'll give you
+ 値引きを	+ a discount.

2. ぼくの傘を貸してあげるよ。   **I'll lend you my umbrella.**

私はあなたに貸すつもりだ	I'll lend you
+ 私の傘を	+ my umbrella.

3. 彼にメールを送るよ。   **I'll send him an e-mail.**

私は彼に送るつもりだ	I'll send him
+ メールを	+ an e-mail.

4. 座席の倒し方をお見せしましょう。   **I'll show you how to recline your seat.**

私はあなたに示すつもりだ	I'll show you
+ 座席の倒し方を	+ how to recline your seat.

・recline 後ろに倒す

ミニ会話 MINI CONVERSATION

A: It's beginning to rain.
雨が降ってきたよ。
B: I'll lend you my umbrella. I have a spare.
私の傘を貸してあげるわ。予備を持ってるから。
A: Thank you.
ありがとう。

UNIT 97 I think (that) ～
試合は中止になると思うよ

I think (that) +	主語 +	動詞 +	修飾語句

私は〜と思います	試合は	中止されるだろう	
	the game ザ ゲイム	will be canceled. ウィォ ビー キャンスォド	
	これが	最高のレストランだ	町で
	this ディス	is the best restaurant イズ ザ ベスト レストラント	in town. イン タウン
I think (that) +	彼は	戻るだろう	数分で
	he ヒー	will be back ウィォ ビー ベアク	in a few minutes. インナ フュー ミニッツ
	私たちのバスは	遅れるだろう	
アイ シンク (ザット)	our bus アウア バス	will be delayed. ウィォ ビー ディレイド	

ポイント POINT

「〜だと思います」と言うときは・・・

例えば She is kind. の前に I think をつけて I think (that) she is kind. と言えば、「彼女は親切だ、と私は思う」の意味になります。She is kind, I think. あるいは She is, I think, very kind. のように、文の最後や途中に置くこともできます。

文構築ドリル LISTENING & SPEAKING

1. 試合は中止になると思うよ。 **I think the game will be canceled.**

私は〜と思います	I think
+ 試合は中止されるだろう	+ the game will be canceled.

2. ここが町一番のレストランだと思うわ。 **I think this is the best restaurant in town.**

私は〜と思います	I think
+ これが最高のレストランだ	+ this is the best restaurant
+ 町で	+ in town.

3. 彼は数分で戻ると思います。 **I think he will be back in a few minutes.**

私は〜と思います	I think
+ 彼は戻るだろう	+ he will be back
+ 数分で	+ in a few minutes.

4. 私たちのバスは遅れると思います。 **I think our bus will be delayed.**

私は〜と思います	I think
+ 私たちのバスは遅れるだろう	+ our bus will be delayed.

ミニ会話 MINI CONVERSATION

A: I think this is the best restaurant in town.
ここが町一番のレストランだと思うよ。

B: I agree. The seafood was especially good.
賛成ね。シーフードが特においしかったわ。

A: Their service was also good.
サービスもよかったね。

UNIT 98

Don't you think (that) 〜 ?
このビデオ、退屈だと思わない？

Don't you think (that)	+	主語	+	動詞	+	修飾語句	?

あなたは〜と思いませんか？	このビデオは	退屈だ	
	this video +	**is boring?**	
	ディス ヴィディオウ	イズ ボアリング	
	このミルクは	腐ってしまっている	
	this milk +	**has gone bad?**	
	ディス ミォク	ハズ ゴン ベアド	
Don't you think (that) +	このバッグは	高価すぎる	
	this bag +	**is too expensive?**	
	ディス ベアグ	イズ トゥー イクスペンスィヴ	
	この歌は	売れるだろう	たくさん
	this song +	**will sell** +	**big?**
ドウンチュー シンク（ザット）	ディス ソング	ウィォ セォ	ビッグ

ポイント POINT

相手の同意を求めるときに・・・
Do you think (that) 〜 ? は「〜と思いますか」。Don't you think (that) 〜 ? は「（あなたも）〜と思いませんか（そう思うでしょう？）」と、相手に同意してほしい気持ちを表します。答えるときは、そう思うなら Yes, I do.、思わないなら No, I don't. と言います。

文構築ドリル LISTENING & SPEAKING

1. このビデオ、退屈だと思わない？
Don't you think this video is boring?

| あなたは〜と思いませんか | Don't you think |
| + このビデオは退屈だ | + this video is boring? |

2. このミルク、腐ってると思わない？
Don't you think this milk has gone bad?

| あなたは〜と思いませんか | Don't you think |
| + このミルクは腐ってしまっている | + this milk has gone bad? |

3. このバッグ、高すぎると思わない？
Don't you think this bag is too expensive?

| あなたは〜と思いませんか | Don't you think |
| + このバッグは高価すぎる | + this bag is too expensive? |

4. この曲、ヒットすると思わない？
Don't you think this song will sell big?

あなたは〜と思いませんか	Don't you think
+ この歌は売れるだろう	+ this song will sell
+ たくさん	+ big?

ミニ会話 MINI CONVERSATION

A: Don't you think this video is boring?
このビデオ、退屈だと思わないか？

B: Yes, I do. Let's fast-forward.
思うわ。早送りしましょう。

A: Pass me the remote control, please.
リモコンを取ってよ。

219

UNIT 99　I hope (that) ～
またお会いできるといいですね

I hope (that)	+	主語	+	動詞	+	修飾語句

私は〜を望みます	私が	あなたと会う	再び
	I	**see you**	**again.**
	アイ	スィー ユー	アゲイン
	（天気は）	晴れるだろう	今度の日曜日に
I hope (that)	**it**	**will be sunny**	**next Sunday.**
	イット	ウィォ ビー サニー	ネクスト サンデイ
	あなたが	合格する	運転免許の試験に
	you	**pass**	**the driving test.**
	ユー	パァス	ザ ドゥライヴィン テスト
	私たちの行方不明のネコが	発見されるだろう	
アイ ホウプ（ザット）	**our missing cat**	**will be found.**	
	アウア ミスィン キャット	ウィォ ビー ファウンド	

ポイント POINT

好ましいことを予想するときは・・・

起こってほしいことについて「〜するといいですね」と言いたいときは、I hope (that) 〜 という形を使います。例えば I hope (that) it will be fine tomorrow. なら「明日は天気がよくなってほしい」という意味になります。

文構築ドリル LISTENING & SPEAKING

1. またお会いできると
いいですね。　　**I hope I see you again.**

私は〜を望みます	I hope
+ 私があなたと会う	+ I see you
+ 再び	+ again.

2. 今度の日曜日は晴れてほしい。**I hope it will be sunny next Sunday.**

私は〜を望みます	I hope
+ （天気は）晴れるだろう	+ it will be sunny
+ 今度の日曜日に	+ next Sunday.

3. 君が運転免許の試験に
受かるといいね。　　**I hope you pass the driving test.**

私は〜を望みます	I hope
+ あなたが合格する	+ you pass
+ 運転免許の試験に	+ the driving test

4. わが家の行方不明のネコが
見つかってほしい。　　**I hope our missing cat will be found.**

| 私は〜を望みます | I hope |
| + 行方不明のネコが発見されるだろう | + our missing cat will be found. |

ミニ会話 MINI CONVERSATION

A: I hope it will be sunny next Sunday.
　今度の日曜日は晴れてほしいな。
B: Do you have any plans for that day?
　その日に何か予定があるの？
A: Yes. We're going for a drive in the country.
　うん。田舎へドライブに行くんだ。

UNIT 100

I'm afraid (that) 〜
残念だが午後は雨になりそうだ

I'm afraid (that)	+	主語	+	動詞	+	修飾語句
残念ながら〜のようだ		（天気は） **it** イット	+	雨が降るだろう **will rain** ウィォ レイン	+	午後は **in the afternoon.** イン ジ エァフタヌーン
I'm afraid (that)	+	あなたは **you** ユー	+	番号を間違えている **have the wrong number.** ヘァブ ザ ロング ナムバ		
		私たちは **we** ウィ	+	間違ったバスに乗った **took the wrong bus.** トゥック ザ ロング バス		
アイム アフレィド（ザット）		あなたは **you** ユー	+	間違ったおつりを私にくれた **gave me the wrong change.** ゲイヴ ミー ザ ロング チェインヂ		

ポイント POINT

好ましくないことを予想するときは・・・

好ましくない事態について「（残念だが）〜のようだ」と予想するときは、I'm afraid (that) 、つまり「私は恐れている」という言葉を前につけます。「申し訳ありませんが〜」と遠慮がちに言う場合にも使われる表現です。

文構築ドリル LISTENING & SPEAKING

1. 残念だが午後は雨になりそうだ。
I'm afraid it will rain in the afternoon.

残念ながら　　　　　　　　　I'm afraid
+ (天気は)雨が降るようだ　+ it will rain
+ 午後は　　　　　　　　　+ in the afternoon.

2. 申し訳ないですが電話番号をお間違えではありませんか。
I'm afraid you have the wrong number.

残念ながら　　　　　　　　　I'm afraid
+ あなたは番号を間違えているようだ　+ you have the wrong number.

3. 残念だがぼくたちは乗るバスを間違えたらしい。
I'm afraid we took the wrong bus.

残念ながら　　　　　　　　　I'm afraid
+ 私たちは間違ったバスに乗ったようだ　+ we took the wrong bus.

4. ひょっとしておつりを間違えてはいませんか。
I'm afraid you gave me the wrong change.

残念ながら　　　　　　　　　I'm afraid
+ あなたは間違ったおつりを私にくれたようだ　+ you gave me the wrong change.

ミニ会話 MINI CONVERSATION

A: Hello, is this World Ads?
もしもし、ワールド広告さんですか？
B: No. I'm afraid you have the wrong number.
いいえ。電話番号をお間違えではありませんか。
A: Oh, I'm sorry.
ああ、申し訳ありません。

■■■著者紹介■■■

■ 佐藤 誠司（さとう せいし）
東京大学文学部英文科卒業。広島県教育委員会事務局、私立中学・高校教諭などを経て、現在は(有)佐藤教育研究所を主宰。英語学習全般の著作活動を行っている。『コロケーションで覚える！ 英会話』（ユニコム）、『中学英語を5日間でやり直す本』（共著・PHP文庫）、『1秒フレーズでこれだけ話せる！ 英会話瞬速トレーニング』（共著・ジャパンタイムズ）など、著書多数。

Narrator：Eric Kelso + Vicki Glass
Illustration/Cover Design：Ayako Nagai

超図解　話すための英文の作り方100
How to Make English Sentences for Conversation

2016年4月3日　　初版発行

[著　者]　　佐藤 誠司
[発行者]　　片岡 研
[印刷所]　　大野印刷株式会社
[発行所]　　株式会社ユニコム　UNICOM Inc.
　　　　　　Tel. 03-5496-7650　Fax. 03-5496-9680
　　　　　　〒153-0064 東京都目黒区下目黒1-2-22-1004
　　　　　　http://www.unicom-lra.co.jp

ISBN 978-4-89689-499-8　　　　■許可なしに転載・複製することを禁じます。